PEPE PESCHEL

INTERVALL FASTEN

FÜR BERUFSTÄTIGE

SCHLANK UND GESUND IM STUNDENTAKT

VORWORT VON CHRISTINE NEUBAUER

EMF

EIN BUCH DER
EDITION MICHAEL FISCHER

W0369058

INHALT

VORWORT

Liebe Leserinnen, liebe Leser,
Sie haben genug von all den alten, neuen und gepimpten Diäten, den großen Weisheiten, den guten Ratschlägen, dem ewigen Jo-Jo-Effekt, verbunden mit Hunger, schier endloser Müdigkeit und übler Laune? Glauben Sie mir, ich kenne all das sehr gut, war mein Leben doch jahrelang davon geprägt. Was habe ich nicht alles ausprobiert! Mal freiwillig, mal unfreiwillig durchlebte ich die Höhen und Tiefen immer und immer wieder. Kilos rauf, Kilos runter, lustvoll, frustvoll, nur eines gab es nie: ein anhaltend zufriedenes Glücksgefühl.

Intervallfasten und dieses Buch ist anders. Es gibt keine Zauberformel und keinen erhobenen Zeigefinger! Stattdessen treffen die Berufstätigen wie du und ich auf vier Powersäulen, die ganz leicht und ohne großen Aufwand das Leben durch mehr Leistungsfähigkeit, Bewegung, guten Schlaf, perfekte Nährstoffversorgung, Gesundheitstipps und leckere Rezepte verändern. Na, Lust ohne Frust? Wie wär´s?

Ich war ein normales Kind, fröhlich, zufrieden, sportlich und ohne Gewichtsprobleme! Mit der Pubertät und zunehmender Weiblichkeit kam alles anders, zusätzlich erschwert durch meinen sehnlichsten Wunsch, Schauspielerin zu werden. Dafür musste man „richtig" sein! Aber was verdammt ist richtig? Wie bei vielen jungen Frauen begann mit meiner ersten Diät ein unerbittlicher Kampf gegen mich selbst. Man sitzt in der Falle, weil man die Signale seines Körpers überhört, seine „Worte" nicht versteht, Stress und Druck einen zu Boden zwingen, oder ist es doch eine Mischung aus Insulin und Kortisol? Aber wer weiß das schon?

Ein wirklich schmerzliches Dasein, vielfach ausgeschlachtet in der Öffentlichkeit: ein Mensch, eine Seele, reduziert auf Körpermaße! Ist es das alles wert, habe ich mich oft gefragt. Aber ich liebe meinen Beruf, und ich möchte nichts anderes als Schauspielerin sein! Ich habe keine Diät ausgelassen, wirklich keine, und so avancierte ich zum Testkaninchen Nummer eins, ganz ohne Werbevertrag. Dabei war ich persönlich gar nicht unzufrieden mit mir! Doch sie war immer da, diese tiefe Sehnsucht, dem Idealbild zu entsprechen: so grazil, glamourös, anmutig und perfekt zu sein wie all die Covergirls. Im Grunde unseres Herzens sehen wir uns aber nur danach, geliebt zu werden. Aber wie soll das gehen, wenn wir uns selbst nicht lieben? Der Schlüssel ist, sich selbst anzunehmen, ganzheitlich mit sich in Einklang zu leben. Nur wer sich kennt, auf seinen Körper hört, kann nachhaltig zu einem gesunden Lebensstil finden. Intervallfasten bietet eine Reihe an Möglichkeiten, die sich je nach Alltag, Job und Familiensituation individuell gestalten lassen.

Es gibt nicht nur den einen Weg, und es dauert, bis man SEINEN gefunden hat. Ich habe meinen Weg inzwischen gefunden, experimentiere noch immer gerne, jedoch sehr bewusst. Ich höre auf meinen Körper, aber ich bin nicht perfekt. Und trotzdem umgibt mich jeden Tag diese wohlige Zufriedenheit mit mir.

Als ich das erste Mal von Intervallfasten las und tiefer in die Materie eintauchte, war ich fasziniert und gleichzeitig überrascht: Unbewusst hatte ich die letzten Jahre genau DAS gelebt, als hätte mir mein Körper dieses wundersame „Schlank-Fit-Geheimnis" geflüstert.

Überzeugt gehe ich seitdem mit so viel mehr Freude, Genuss, Körperbewusstsein und weniger Beschwerden durchs Leben.

Die Veränderung kam vor einigen Jahren, als ich mein komplettes Leben auf den Kopf gestellt habe, oder mein Leben mich? Da bin ich mir auch heute noch nicht so sicher! Mit meiner Liebe zu Mallorca habe ich auch meine Liebe zum Kochen entdeckt. An dieser Stelle sollte ich euch noch gestehen, dass meine Küche bis dahin wohl eher ein makelloses Ausstellungsstück war, als ein Gebrauchsgegenstand. Mit vollen Körben beflügelt nach Hause zu kommen und zu kochen, ist für mich inzwischen ein kreativer Entspannungsprozess, und untermalt von guter Musik setzt er Glückshormone frei wie früher Schokolade! Essen ist für mich nicht nur Essen, sondern Zeit, um in Ruhe zu genießen. Und glaubt mir, dann entstehen Essenspausen wie von selbst, und auch mein Handy hat am Tisch Sendepause.

Im Süden isst man bekanntermaßen abends eher spät. Na und! Ich lasse dann das Frühstück eben weg und esse erst am nächsten Mittag wieder. Fasten ist ja nicht hungern! Und mal ganz ehrlich, der Frühstücker unter uns war ich noch nie, aber Kaffee und Sport funktionieren als Neubauer-Tagesturbo perfekt!

Der positive Gesundheitseffekt durch das Zusammenspiel von Bewegung und gesunder Ernährung zeigt sich nicht nur in meinem neuen leichteren und bewussteren Lebensgefühl, sondern hat auch meine Schmerzen gelindert, meine Beweglichkeit verbessert und meine Werte optimiert – meine Venen sind frei wie Turbo-Rohre. Ganzheitlichkeit ist Teil des Weges, wie die Autorin Pepe Peschel in diesem Buch wunderbar erfrischend mit vielen Alltagstipps ausführt.

Nicht nur die Stars schwören auf Intervallfasten. Probieren Sie es aus! Finden Sie Ihren Weg, mit Freude, Genuss, Gesundheit und innerer Zufriedenheit! Jeder kann es schaffen – auch Sie!

Ihre Christine Neubauer und Ina Fiedler

DAS SIND **DIE BASICS**

Intervallfasten ist in aller Munde. Der Ernährungstrend bietet einen ganzheitlichen Weg zum Wohlfühlgewicht und – anders als herkömmliche Diäten – nachhaltige Gesundheitspflege. Zugegeben, in Zeiten des kulinarischen Schlaraffenlandes und der Lebensmittelvielfalt ist es eine komplexe Herausforderung geworden, eine gute Figur zu bewahren. Die Lösung ist ein natürlicher und nachhaltiger Weg zum Figur-Erfolg: achtsam, ausgewogen und anders. Weil Sie wieder den ureigenen Rhythmus Ihres Organismus erhören und auf körpereigene Signale vertrauen lernen.

DAMALS UND HEUTE

- TREND MIT URALTER TRADITION
- FASTEN – EIN GANZHEITLICHES VERFAHREN
- NAHRUNGSJAGD ALS FULLTIME-JOB
- ALWAYS ON UND AUSGENOCKT
- SELFISH BRAIN: MEIN GEHIRN, DAS EGO
- DER BLICK AUFS GROSSE GANZE

TREND
MIT URALTER TRADITION

Es war einmal ... vor mehr als 2500 Jahren. Das babylonische Weltreich fiel, und Perserkönig Kyros setzte General Darius als König über Babylon ein. Einen Mann mit offensichtlich ausgeprägtem Gerechtigkeitssinn, wie die verschiedenen historischen Betrachtungen zeigen. Dieser Charakterzug veranlasste Darius sogar eines Tages zu Intervallfasten. Freilich war er sich dessen nicht bewusst. Wie aber kam es dazu?

MOBBING GAB ES IMMER SCHON

Darius machte seinerzeit drei der babylonischen Beamten zu Aufsehern. Den erfahrenen Daniel mochte er besonders, denn dieser war klug und zuverlässig. Grund genug für Daniels Kollegen, eine gemeine Mobbingaktion gegen ihn zu planen. Wussten sie doch, dass Daniel aus Israel stammte und sehr gläubig war. Kurzerhand rieten die heimtückischen Kollegen dem König zu einem Dekret: Für 30 Tage sollte es verboten sein, irgendeine andere Gottheit anzurufen als Darius, den König. Anderenfalls drohte die Löwengrube. Immer darauf bedacht, Spannungen zwischen den Anhängern der verschiedenen Religionen seines Volkes zu vermeiden, ging Darius darauf ein.

DANIEL IN DER LÖWENGRUBE

Indes, zu Hause angekommen, öffnete Daniel wie gewohnt die Fenster gen Jerusalem und betete zu seinem Gott. Darauf hatten seine Widersacher nur gewartet und schwärzten ihn beim König an. Dem blieb nichts anderes übrig, als Daniel in die Löwengrube werfen zu lassen. Als er aber durch einen Zufall von der Verschwörung erfuhr, wollte er seinen Aufseher retten und – fastete. Er aß aus lauter Sorge nicht zu Abend, auch das Frühstück ließ er aus und betete inständig für Daniel. Statt sich, wie zur damaligen Zeit in Herrscherhäusern üblich, der (nächtlichen) Völlerei hinzugeben.

VERZICHT BEIM ESSEN – HEUTE BEWUSST

Daniel hat die Löwengrube tatsächlich überlebt, und uralte Geschichten wie diese gibt es viele. Seit Jahrtausenden ist Fasten Teil der verschiedenen Religionen und Kulturen. Denken Sie nur an den bewussten Verzicht, mit dem sich Christen hierzulande 40 Tage lang auf das Osterfest vorbereiten. Eine Tradition, die sich laut Statistik zunehmender Beliebtheit erfreut. Aber auch das Fasten generell: 57 Prozent haben schon einmal gezielt für mehrere Wochen bestimmte Genussmittel oder Konsumgüter wie Smartphone & Co. gemieden. Top 1 auf der Fastenliste: Süßigkeiten, gefolgt von Alkohol und Fleischverzicht.

FASTEN

EIN GANZHEITLICHES VERFAHREN

Neben der körperlichen Reinigung wird dem Fasten seit jeher auch eine den Geist klärende, entspannende Wirkung zugeschrieben. Die ältesten Fastenanleitungen sollen aus Indien stammen und rund 4000 Jahre alt sein. Damit gilt der per Definition „freiwillige Verzicht auf feste Nahrung und Genussmittel für einen begrenzten Zeitraum“ als das älteste ganzheitliche Naturheilverfahren überhaupt.

FASTEN MIT GRUND

EXKURS

… RELIGIÖS UND SPIRITUELL MOTIVIERT

Christen fasten hauptsächlich in der Passionszeit von Aschermittwoch bis Ostern. Im Judentum gilt Jom Kippur als der höchste Feiertag und zugleich wichtigster Fastentag. Für Muslime ist das Fasten im Ramadan eine religiöse Pflicht. Dankbarkeit und Buße prägen diesen Fastenmonat ebenso wie Enthaltsamkeit: Bis Sonnenuntergang verzichten die Gläubigen nicht nur auf das Essen, Trinken und Rauchen, sondern auch auf Sex und moralische Verfehlungen wie Lügen und Beleidigungen.

… GESUNDHEITLICH MOTIVIERT

Bereits der griechische Arzt Hippokrates von Kos (um 460 bis um 370 v. Chr.) riet zum therapeutischen Fasten: „Wenn die Krankheit auf ihrer Höhe ist, dann muss die knappste Nahrungszufuhr erfolgen“, lautet einer seiner Lehrsätze. Als Begründer des medizinischen Heilfastens in der Neuzeit gilt der deutsche Arzt Otto Buchinger I. (1878 bis 1966), der durch Fasten selbst sein schweres Gelenkrheuma lindern konnte. Mit der Aufnahme des Fastens in die ärztliche Zusatzausbildung „Naturheilverfahren” im Jahr 1975 erfuhr die Methode schließlich offiziell Anerkennung.

… POLITISCH MOTIVIERT

Der politische Hungerstreik unterscheidet sich vom traditionellen Fasten durch den öffentlichen Charakter als Mittel demonstrativen Widerstands. Beispiele: Mahatma Gandhi hungerte in den 1930er- und 1940er-Jahren wiederholt aus Protest gegen Gewalt. Inhaftierte Mitglieder der Rote-Armee-Fraktion setzten den Verzicht auf Nahrung als Druckmittel gegen ihre Haftbedingungen ein. In jüngerer Zeit kam es mehrfach zu Hungerstreiks Asylsuchender, die schlechte Lebensumstände in ihren Unterkünften beklagten oder gegen die Asylpolitik demonstrieren wollten.

NAHRUNGSJAGD
ALS FULLTIME-JOB

Die Natur hat uns aus gutem Grund so konzipiert, dass wir längere Hungerperioden problemlos überstehen. Jahreszeitlich bedingte Schwankungen im Nahrungsangebot prägten in der Evolution den Stoffwechsel aller Lebewesen. Die Fähigkeit des Organismus, Depots zu bilden und so auch Zeiten des Mangels meistern zu können, ist seit jeher eine wichtige Überlebensstrategie. Fulltime-Job des Homo sapiens der Vorzeit war es, Essen zu suchen oder auf der Jagd zu erlegen. Das Leben bestand damit aus langen Phasen völliger Nahrungskarenz bei zugleich großer körperlicher Kraftanstrengung.

DAS GROSSE (FR)ESSEN

Heute leben wir im ständigen Nahrungsüberfluss bei ausgeprägter körperlicher Ruhe. Wo wir gehen und stehen oder eben auch sitzen und liegen, wird konsumiert – und damit nicht selten ein Konglomerat aus Stress, Ärger, Wut und Unzufriedenheit kompensiert. Häufig gepaart mit Emotionen wie Traurigkeit und Enttäuschung, Einsamkeit oder Selbstzweifeln. Nicht von ungefähr sprechen wir oft davon, Stress und Sorgen in uns hineinzufressen.

SUPERFRAUEN, WILDE HENGSTE UND WINDELN

Vor allem Frauen sind zwischen beruflichen Aufstiegschancen, Partnerschaft und Familie respektive Familienplanung hin- und hergerissen. Sie geben oft alles, um dabei auch noch eine gute Figur zu machen. Er versucht oft ebenfalls den Spagat zwischen Windeln und Motoren, mal wilder Hengst mit breiter Brust, mal der anschmiegsame Sozius des 21. Jahrhunderts. Anscheinend ist auch sein Rollenbild in einer Gesellschaft, die nicht müde wird, vorgeben zu wollen, wie der Einzelne zu sein hat, alles andere als klar: Macht er ein Kompliment, muss er in Zeiten der #MeToo-Bewegung durchaus mit Konsequenzen rechnen. Bewundert er sie nicht, gilt er schnell als arroganter Macho. Der Schlagabtausch zwischen Daumen hoch und Daumen runter stresst unterm Strich beide Geschlechter – beruflich wie privat. Ein wichtiger, häufig noch unterschätzter Risikofaktor für Übergewicht.

DICK DURCH STRESS

Stress – ob von außen oder hausgemacht – erreicht jede einzelne der insgesamt circa 100 Billionen Körperzellen und schlägt sich in der gesamten Körperchemie nieder. Im Verdauungstrakt etwa werden die Aktivitäten zurückgefahren. Zusätzlich führt chronischer Stress häufig zu ungesundem Essverhalten.

ALWAYS ON
UND AUSGEKNOCKT

Fakt ist: Sechs von zehn Menschen in Deutschland fühlen sich gestresst. Wer etwa „always on“ sein muss oder glaubt, es sein zu müssen, sieht auch dann alle drei Minuten aufs Handy, wenn er eigentlich frei hätte. Ständige Erreichbarkeit, Multitasking und Überstunden – die Grenze zum ruhigen Privatleben ist in unserer digitalisierten und hoch technisierten Berufswelt längst verwischt bis nicht mehr vorhanden. Einer der Leidtragenden ist unser Darm. Unter einer mit Stress oft in Verbindung stehenden Ernährung aus überwiegend schnell verfügbaren Kohlenhydraten (wie in Pommes, Burgern, Weißmehlprodukten, Kuchen) nehmen gesunde, quasi schlank machende Darmbakterien nämlich zugunsten problematischer, dick machender ab (Seite 25).

THINK BRIGHT!

Nicht nur Stress und Hektik können Ihren Kortisolspiegel erhöhen, sondern auch endlose Grübeleien, sorgenvolle Gedanken und die Neigung zu depressiven Verstimmungen.

KORTISOL: EIN HORMON IM STRESS

Stehen Sie ständig unter Druck, produziert Ihr Körper Massen von Kortisol. Das lebenswichtige Hormon ist nämlich stets bestrebt, Stressreaktionen auszugleichen. Darüber hinaus reguliert es immunologische Prozesse und hat beispielsweise Einfluss auf den Kohlenhydrathaushalt, den Fettstoffwechsel und Proteinumsatz. Allesamt nützliche Funktionen, doch wenn die Hormonproduktion permanent auf Hochtouren läuft, verkehrt sich das Ganze ins Gegenteil. Ein negativer Effekt: Hohe Kortisolspiegel lassen den Blutzucker kräftig ansteigen – und dem wiederum pflegt der Körper mit reichlich Insulin entgegenzusteuern.

INSULIN AUF HÖHENFLUG

An dieser Stelle wird klar, dass nicht nur Fluten von Kohlenhydraten & Co. die Insulinausschüttung ankurbeln. Chronischer Stress provoziert die Produktion dieses blutzuckersenkenden Hormons zusätzlich! Insulin fördert den Transport von Zucker im Blut in die Zellen, das ist hinreichend bekannt. Ist dort aber wegen Überfüllung buchstäblich geschlossen, baut das Hormon Energiereserven auf. Mit anderen Worten: Ungenutzte Energie, die wir nicht unmittelbar körperlich verbrauchen – wie unsere gestressten Vorfahren auf der Flucht vor dem Säbelzahntiger – landet in den Speichern der Leber, der Muskeln und ebenso wohlbehalten im Fettgewebe. Zudem hemmt Insulin den Fettabbau. Eine sehr ungünstige Kombination, die vor allem den Bauch wachsen lassen kann (Seite 21).

SELFISH BRAIN:
MEIN GEHIRN, DAS EGO

Als wäre das nicht schon genug, kommt auch noch das selbstsüchtige Gehirn ins Spiel. Nach der Selfish-Brain-Theorie des Lübecker Hirnforschers, Diabetologen und Internisten Achim Peters verfügt das Gehirn tatsächlich über die Fähigkeit, die Energieversorgung des Organismus so zu regeln, dass es in erster Linie seine eigenen Bedürfnisse als größter Endkonsument von Glukose befriedigen kann. Und dieser Egotrip ist in der heutigen Zeit nicht ganz unproblematisch …

ERST KOMMT DER CHEF!

Mit einem Anteil von nur zwei Prozent am Körpergewicht verbraucht das Gehirn 50 Prozent unseres täglichen Glukosebedarfs – in besonderen Stresssituationen sind es sogar 90 Prozent. Und weil unsere Denkzentrale gar nicht zimperlich ist, wenn es um die eigenen Bedürfnisse geht, entzieht sie im Falle eines Falles kurzerhand anderen Organsystemen Futter, sprich Glukose. Ein Mechanismus, der zunächst einmal für den gesunden Organismus gilt und etwa dafür sorgen kann, dass Menschen bei akuter Stressbelastung mitunter erst einmal schlanker und dünner werden. Buchstäblich wie ausgezehrt wirken, gleichzeitig oft hochkonzentriert sind. Verschiedene Faktoren – darunter hoher Alkoholkonsum, psychische Probleme oder andauernder negativer Stress – können allerdings die von der Natur eingerichtete vorrangige Energieversorgung des Gehirns empfindlich stören.

FEHLER IM SYSTEM

Durch eine Schwächung des Sympathikus – der Teil des autonomen Nervensystems, der unseren Körper unter Stress in erhöhte Leistungsbereitschaft versetzt – landet dann die für das Gehirn bestimmte Energie hauptsächlich im Fett- und Muskelgewebe. Was unser egoistisches Denkorgan natürlich nicht so stehen lassen kann. Eindrücklich fordert es immer mehr Nachschub für sich. Und schon futtern wir rein, was geht. Auch wenn wir schon lange satt sind. Es steigt die Lust auf schnell verfügbare, nährstoffarme Kohlenhydrate, auf Zucker, Kartoffelchips, Kuchen oder Gummibärchen. Womit das Drama seinen Lauf nimmt: Mit sich stetig füllenden Speichern steigt auch das Risiko für starkes Übergewicht bzw. Fettleibigkeit (Adipositas) sowie Diabetes.

DER BLICK
AUFS GROSSE GANZE

Fassen wir zusammen: Seelischer Ballast aus dem Berufsalltag, gesellschaftlicher Druck und der gefühlte Zwang zur ständigen Selbstoptimierung können sich auch in unserem Körpergewicht widerspiegeln. Wenn Sie dieses Themenfeld noch näher erkunden wollen: Mit der Frage, wie entscheidend Emotionen unsere Gesundheit positiv wie negativ beeinflussen können, befasst sich die noch recht junge Forschungsdisziplin der Psychoneuroimmunologie (PNI). Und gottlob setzen sich immer mehr Wissenschaftler mit Nachdruck für eine ganzheitliche Betrachtungsweise des Menschen ein – mit all seinen individuellen Lebens- und Gefühlslagen, mit Stress, Sorgen und vielfältigen Beziehungsgeflechten. Faktoren, die in einer körperorientierten Medizin leider immer noch oft vernachlässigt werden.

UNPERFEKT IST SCHLANKER

Eine Erkenntnis aus dem therapeutischen Bereich: Bleiben Emotionen unberücksichtigt und erfolgt die Behandlung etwa von Rheuma rein körperorientiert, kann sich Leiden verlängern. Ähnlich sieht es beim Körpergewicht aus. Wenn Sie als geborener Perfektionist ungeduldig mit dem Kopf durch die Wand wollen und sich immer unter Druck setzen, um berufliche Ziele zu erreichen, werden Sie womöglich trotz vorbildlicher Ernährung weiter zunehmen. Je nach Typ können Ihre ganz persönlichen Stressverstärker Ihr Gewichtsmanagement mehr oder weniger stark torpedieren – sogar bei reduzierter Kalorienzufuhr. Zu allem Übel sinkt auch Ihre Abwehrkraft.

DEM STOFFWECHSEL BEINE MACHEN

Intervallfasten stellt hier einen individuellen und ganzheitlichen Weg zum Wohlfühlgewicht und gleichzeitig eine Form der Gesundheitspflege dar, die jeder in Eigenverantwortung für sich nutzen kann. Das Prinzip: gezielte Energiezufuhr zum optimalen Zeitpunkt = mehr Flexibilität im Stoffwechsel. Ob in Intervallen von 16, 18 oder 20 Stunden oder mit gezielten Tagesstrategien für Essenspausen – in Kombination mit einem guten Stressmanagement (Seite 46) lernt der Organismus, seine Reserven zu mobilisieren. In den Fastenphasen läuft er praktisch auf innerer, statt auf äußerer Ernährung. Eine klassische Diät ist so gar nicht notwendig. Sie müssen also keine Kalorien zählen und können die Methode daher problemlos in jeden Berufsalltag integrieren.

DAS BRINGT DIR **INTERVALLFASTEN**

Intervallfasten setzt buchstäblich ein Verjüngungsprogramm für die Körperzellen in Gang (die Autophagie), das den Organismus wohltuend entlasten und die körpereigene Regeneration ankurbeln kann. Vorsorge par excellence – ob in Stundenintervallen oder tageweise fastend. Nicht zuletzt auch vor dem Hintergrund, dass Übergewicht einer der wichtigsten Risikofaktoren für eine Vielzahl verschiedener Erkrankungen und Beschwerden ist. Beispielsweise für Rückenschmerzen oder Arthrose über Gefäß- und Herz-Kreislaufleiden bis hin zu Diabetes vom Typ 2.

GROSSPUTZ FÜR KÖRPER UND GEIST

GROSSPUTZ
FÜR KÖRPER UND GEIST

Medizinisches Heilfasten erlebt derzeit in vielen Kliniken und Praxen laut der Ärztegesellschaft Heilfasten und Ernährung e.V. (ÄGHE) einen regelrechten Boom. Zu Recht: Wissenschaftliche Studien konnten belegen, dass Patienten mit einem metabolischen Syndrom vom Fasten profitieren – dieses besteht, wenn mindestens drei der folgenden fünf Risikofaktoren vorliegen: ein deutlich erhöhter Bauchumfang, Bluthochdruck, Fett- (Triglyzeride) und Zuckerstoffwechselstörung sowie niedriges HDL („gutes" Cholesterin). Positive Effekte des Fastens zeigten sich auch bei chronischen Entzündungen, Schmerzzuständen und kardiovaskulären Erkrankungen. Gleiches gilt für psychosomatische Leiden, Heuschnupfen oder Neurodermitis.

TIERISCHE NORMALITÄT: WARUM PINGUINE FASTEN

Kaiserpinguine kommen auf dem antarktischen Inlandeis zur Welt, bei frostigen minus 80 Grad und kälter. Hier sollen die Jungen vor Feinden sicher sein. Während sich das Weibchen nach Ablage eines einzigen Eis zur Nahrungssuche zurück ins Meer begibt, verbringt das Pinguin-Männchen eine monatelange Fastenzeit auf dem Eis und wärmt derweil das Ei in seiner Bauchfalte. Eine Fürsorge, durch die der Pinguin-Papa rund ein Drittel seines Körpergewichts verliert, bis der Nachwuchs schlüpft und schließlich das Weibchen mit vorverdautem Fisch aus dem Meer zurückkehrt.

KEINE CHANCE **DEM JO-JO-EFFEKT**

Im Gegensatz zum Fasten bedeuten einseitige Diäten eine Hungersnot für den Organismus. Er bekommt deutlich reduzierte Energiemengen, die seinen Vitalstoffbedarf in der Regel nicht decken. Und das wiederum kann haushälterische Gene aktivieren. Wie viele davon vorhanden sind, ist bei Geburt bereits festgelegt. Sie definieren das Talent des Körpers, nach Abschluss einer Diät der Sicherheit halber eine bestimmte Anzahl zusätzlicher Kilos anzulegen, um für die nächste Hungersnot gewappnet zu sein. Aus diesem Grund wiegen wir nach vielen herkömmlichen Diäten in der Regel mehr als zuvor.

Beim Intervallfasten gerät der Körper nicht in Not. Im Gegenteil: Er bekommt regelmäßig ausreichend Energie geliefert. Hierzu ein Fazit des Bundeszentrums für Ernährung (BZfE) im Online-Spezial 2017: „Bei einem Lebensstil mit regelmäßiger körperlicher Aktivität und gesundheitsförderlicher, abwechslungsreicher Ernährung klingt die Methode Intervallfasten erfolgversprechend.“ Und sie funktioniert offensichtlich selbst dann, wenn zwischen den Essenspausen ordentlich zugelangt wird, zeigen weitere Untersuchungen.

KÖRPERGEWICHT RUNTER, GESUNDHEIT RAUF

Willig, den Pfunden den Kampf anzusagen, sind die Deutschen durchaus; das ergab die Ernährungsstudie 2017 der Techniker Krankenkasse. Rund jeder Dritte ist mindestens einmal im Jahr auf Diät. Jeder Zehnte fängt dabei allerdings immer wieder von vorne an. Fast die Hälfte bleibt auf ungeliebten Kilos sitzen. Zeit für eine Ernährungsform, die sich nicht nur für den kurweisen Einsatz eignet. Eine, die sich auch als Initialzündung für einen gesunden Lebensstil zelebrieren und genießen lässt.

Die US-Forscherinnen Ruth E. Patterson und Dorothy D. Sears vom Moores Cancer Center an der UC San Diego Health analysierten in diesem Zusammenhang mehrere Interventionsstudien. Im Mittelpunkt stand die Frage, wie sich Fastenzeiten auf das Körpergewicht und metabolische Biomarker (objektiv messbare Stoffwechselparameter, die die Prognose oder Diagnose von Erkrankungen ermöglichen) auswirken. Ihr Resümee: Schon ein einziges Fastenintervall – etwa über Nacht von abends 19 Uhr bis zum nächsten Morgen um 7 Uhr – könne die Konzentrationen von Biomarkern wie zum Beispiel Insulin reduzieren und damit sogar auch das Risiko für verschiedene chronische Erkrankungen senken.

MÖGLICHE REAKTIONEN AUF INTERVALLFASTEN

Gehirn: verbesserte Gehirnfunktionen, steigende Leistungsfähigkeit und Stressbelastbarkeit

Herz: niedrigerer Ruhepuls und Blutdruck, erhöhte Herzfrequenzvariabilität (S. 26) und damit erhöhte Stressbelastbarkeit

Blutkreislauf: niedrigeres Insulin und mehr Ketonkörper (entstehen, wenn vermehrt Fettgewebe abgebaut wird)

Muskulatur: erhöhte Insulinsensitivität (verbessertes Ansprechen der Zellen auf das Hormon Insulin), verbesserte Stressresistenz

Fettgewebe: verstärkte Lipolyse (Fettabbau), verminderte Entzündungsprozesse

Verdauungssystem: verminderte Entzündungsprozesse, positiver Einfluss auf das Darmmikrobiom (Seite 24)

JOKER
DIABETESVORSORGE

Alleine in Deutschland ist die Zahl der Diabetesfälle seit der Jahrtausendwende um mehr als 40 Prozent gestiegen. Schlecht oder gar unbehandelt kann die noch vor wenigen Jahren als Altersdiabetes bezeichnete Erkrankung, die inzwischen auch immer häufiger Kinder und Jugendliche betrifft, dramatische Folgen haben. Der „Deutsche Gesundheitsbericht Diabetes 2018" beziffert etwa eine um das Zwei- bis Dreifache erhöhte Komplikationsrate für Herzinfarkt, Herzinsuffizienz und Schlaganfall. Zudem werden jährlich als Folge des Diabetes 40.000 Beine, Füße oder Zehen amputiert, rund 2000 Menschen erblinden.

DIE LANGE NACHT DES KÜHLSCHRANKS

Das zentrale Stoffwechselhormon Insulin, auch Masthormon genannt, schließt wie ein Schlüssel die Körperzellen auf, damit diese zugeführte Nahrungsenergie nutzen können. Bei einem Überangebot an kohlenhydratreicher Kost mit hohem glykämischen Index – dem Maß für die blutzuckersteigernde Wirkung der Kohlenhydrate – kommt dieses intelligente System an seine Grenzen: Wenn Baguette, Pommes, Schokoriegel oder Limonade den Blutzucker schnell in schwindelerregende Höhen schießen und ebenso schnell wieder ins Tal rauschen lassen, muss auch die Insulinproduktion permanent auf Hochtouren laufen. Bleibt der Insulinspiegel aufgrund später Mahlzeiten und süßer Naschereien auch nachts erhöht, ist Übergewicht praktisch vorprogrammiert. Denn hohes Insulin legt den Schalter leider von Fettabbau auf Fettspeicherung um. Und nicht nur das, denn mit jeder Süßigkeit – und damit rasanten Berg-und-Talbahn-Fahrt des Blutzuckers – steigt unweigerlich der Appetit auf den nächsten Naschkram. Und schon stehen wir auch nachts um 2 Uhr am Kühlschrank und futtern. Ein Teufelskreis mit steigendem Risiko, an Diabetes zu erkranken. Kriegt doch die Bauchspeicheldrüse, die eigentlich ein Leben lang Insulin produzieren soll, einfach keine Pause.

INSULIN VERTEIDIGT DIE PFUNDE

Zu viel Insulin im Blut blockiert den Fettabbau, die sogenannte Lipolyse. Dabei spalten Enzyme die im Gewebe gespeicherten Triglyzeride auf, sodass freie Fettsäuren ins Blut gelangen und verstoffwechselt werden können. Wer aber ständig leere (energiereiche und gleichzeitig nährstoffarme) Kohlenhydrate futtert, wird seinem Depotspeck wohl nie zu Leibe rücken. Intervallfasten kann hier Abhilfe schaffen!

JOKER
FETTABBAU UND FIGUR

Beim Intervallfasten gilt: Der Stoffwechsel stellt sich um, wenn er länger als 12 Stunden nichts zu futtern bekommt. Weil Glukose der wichtigste und schnellste Energielieferant für sämtliche Lebensfunktionen ist, mobilisiert der Körper zunächst seine Glykogenspeicher in Leber und Muskeln. Mit leeren Glykogendepots beginnt schließlich die Lipolyse, der Fettabbau im Gewebe.

SCHLANK MIT KUGEL-BAUCH?

Ein auffällig dicker und gerade bei Männern oft auch kugelig-praller Bauch steht wohl kaum ganz oben auf der Beauty-Wunschliste. Dennoch findet er sich interessanterweise sogar bei ansonsten schlanken Menschen. Dieses Phänomen ist gut zu deuten: Sind die Proportionen so verteilt, haben wir es zumeist mit zu viel viszeralem Fett zu tun – und das wird auch durch permanenten Stress gefördert (Seite 13). Das im Bauchraum befindliche Fett ist übrigens nicht zu verwechseln mit dem Unterhautfett. Es handelt sich hier um zwei verschiedene Arten weißen Fettgewebes.

TICKENDE ZEITBOMBE BAUCHFETT

Bei regulärer Fettverteilung sind rund 80 Prozent Fettgewebe unter der Haut lokalisiert. Die anderen 20 Prozent finden sich im Bauchraum. Dort umhüllen sie als mechanischer Schutz zum Beispiel Darm, Nieren und Leber. Gerät die Fettverteilung aber aus den Fugen und wächst das innere Bauchfett überproportional, beginnen unzählige entzündungsfördernde Botenstoffe ihr gefährliches Werk. Das Bauchfett ist metabolisch, also im Stoffwechsel hochaktiv. Wer nicht rechtzeitig gegensteuert, riskiert einen Flächenbrand mit erhöhtem Risiko für Diabetes, Herz-Kreislauf- und Gefäßerkrankungen sowie Krebs. Die gute Nachricht: Jedes Kilo weniger zahlt sich aus!

ERST MESSEN, DANN ESSEN

Frauen haben ab **80 cm Taillenumfang** ein erhöhtes Risiko, 88 cm sollten nicht überschritten werden (deutlich erhöhtes Risiko).

Männer haben ab **94 cm Taillenumfang** ein erhöhtes Risiko, 102 cm sollten nicht überschritten werden (deutlich erhöhtes Risiko).

Hinweis: Untersuchungen belegen bei mehr als 100 cm Bauchumfang in 95 Prozent der Fälle (!) eine verminderte Insulinwirkung (Insulinresistenz) mit dauerhaft erhöhtem Blutzucker.

JOKER

HIRNKRAFT UND STIMMUNGSHOCH

Tun wir nichts gegen die beschriebenen Flächenbrände im Organismus, werden entzündungsbedingt auch Vorstufen von Serotonin verbraucht (Tryptophan). Auf den Serotoninmangel im Gehirn folgen oft Müdigkeit und Erschöpfung, Schlaflosigkeit, aber auch Stimmungsschwankungen bis hin zu Depressionen. Nicht nur der Körper, auch die Psyche kann beim Intervallfasten neue Energie tanken: Die Serotoninverfügbarkeit steigt, es werden vermehrt Endorphine ausgeschüttet, und schwups sind wir im Stimmungshoch! Bitte nicht wundern, wenn sich das in den ersten Tagen der Ernährungsumstellung anders anfühlt. Immerhin sind Sie – sollten Sie bisher ein 24-Stunden-Snackfan gewesen sein – auf (Zucker-) Entzug. Müdigkeit, Reizbarkeit oder Frieren und Kopfschmerzen können sich breitmachen. Hat der Organismus aber gelernt, dass wir lediglich von Dauerfuttern auf die Verbrennung körpereigener Reserven umschalten: Er wird dankbar aufjubeln, und Ihr Umfeld wird sich wundern, dass Sie so unverschämt gute Laune haben.

NEUE VITALITÄT FÜR DIE GRAUEN ZELLEN

Der amerikanische Neurowissenschaftler und Altersforscher Mark P. Mattson zeigt in seinen Forschungen auf, dass „Stoffwechselzustände die Gesundheit des Gehirns beeinflussen". Ähnlich wie bei anderen Organsystemen sind schleichende Entzündungsprozesse (silent inflammations) demnach ein häufiges Merkmal auch der Alterung des Gehirns. Forciert durch Bewegungsmangel und übermäßigen Konsum von nährstoffarmen Nahrungs- und Genussmitteln. Ein aktiver Lebensstil, bei dem Sie auf hochwertige, frische Vitalstoffe setzen, Essenspausen einplanen und sich zudem geistigen Herausforderungen (Rätselraten, Denksportaufgaben) stellen, kann dagegen die Hirnfunktionen unterstützen und vorzeitigem Altern effektiv entgegenwirken.

DAS STRESST MICH NICHT

Ein intervallfastentrainierter Organismus hat dabei gelernt, schneller zwischen Kohlenhydrat- und Fettstoffwechsel umzuschalten. Auch Lern- und Gedächtnisleistungen sowie das Konzentrationsvermögen lassen sich über diesen Mechanismus verbessern (Seite 19). Zugleich steigt die Fähigkeit des zentralen Nervensystems, die funktionelle und strukturelle Organisation situativ unbegrenzt anzupassen (neuronale Plastizität). Unterm Strich profitieren wir von mehr Widerstandskraft in stressigen Zeiten.

JUNGBRUNNEN AUTOPHAGIE

2016 erhielt der japanische Zellbiologe Yoshinori Ōsumi den Nobelpreis für Physiologie oder Medizin für seinen Nachweis der Autophagie: der körpereigenen Müllabfuhr unserer Zellen. Das heißt, jede Zelle verfügt über die Fähigkeit, das, was sie nicht (mehr) braucht, quasi selbst zu verdauen. Schädliches wird aussortiert und kurzerhand beseitigt. Vor allem Zellen, die einen Nahrungsmangel spüren, starten diesen Prozess, um Energie zu gewinnen.

Damit diese körpereigene Selbstentgiftung reibungslos abläuft, braucht es bestimmte Voraussetzungen: Endlich Pause von der Zuckerflut! Von Fast Food, Industriekost, Alkohol, Weißmehlprodukten und anderen kleinen und großen Verführern mit hohem glykämischen Index, die wir gern rund um die Uhr oben reinschütten. Wird in Zeitintervallen gefastet und damit der Körper in eine evolutionär bekannte Situation gebracht, schaltet er auf seine Energiereserven um – und auf die Autophagie. Das Großreinemachen beginnt.

ESSENSPAUSEN VOR KALORIENMENGEN

In Graz an der Karl-Franzens-Universität erforscht der Biochemiker Frank Madeo, Leiter der InterFAST-Studie, die molekularen und physiologischen Veränderungen durch Fasten an 90 Teilnehmern. Die Wissenschaftler um Madeo gehen davon aus, dass Intervallfasten die körpereigenen Aufräumarbeiten der Autophagie gezielt unterstützen kann. Vor allem sich mit den Lebensjahrzehnten immer mehr ansammelnde, schädliche Zellbestandteile könnten so in Grenzen gehalten und die Alterung dadurch verlangsamt werden.

Bislang habe sich einzig eine Kalorienreduktion als wirkungsvoll erwiesen, auch typische altersassoziierte Krankheiten wie Diabetes, Herz-Kreislauf-Erkrankungen und Krebs in Schach zu halten. Die in Prüfung befindliche These: Da definierte Essenspausen wie beispielsweise das Alternate-Day-Fasten (Seite 37) das Verhalten der Zellen offensichtlich verändern, könnte die Zeit, die zwischen den Mahlzeiten verstreicht, für ein gesundes Leben tatsächlich noch wichtiger sein als die Anzahl vertilgter Kalorien.

Quelle: interfast.at

JOKER

PATCHWORK-DARM IN HARMONIE

Zugemüllte Zellen und Zellschäden haben durchaus einen großen Freund und Befürworter: die freien Radikale. Diese reaktiven Sauerstoffverbindungen werden laufend als natürliche Stoffwechselprodukte im Körper gebildet. Im Übermaß fallen Sie an bei großem Stress und unausgewogener Ernährung, aber ebenso durch Nikotin, einen hohen Alkoholkonsum oder Umweltgifte. Übernehmen freie Radikale quasi die Herrschaft im Organismus, spricht man vom oxidativen Stress. Dieser wiederum erhöht das Risiko für eine chronisch entzündete Darmschleimhaut und zahlreiche andere Erkrankungen.

EIN BEACHTLICHES ÖKOSYSTEM

Mehr als 1000 verschiedene Darmbakterien sind heute erforscht. Sie spielen eine wichtige Rolle dabei, wie gut oder schlecht wir zugeführte Nährstoffe verwerten. Oder wie es um unsere Abwehrkräfte bestellt ist. Hinzu kommen über 200 Millionen Nervenzellen, die alleine den Verdauungstrakt umgeben. Dieses enterische Nervensystem (ENS) ist gemeinhin auch als Bauchhirn bekannt. Es arbeitet völlig autonom und managt unter anderem die Geschwindigkeit, mit der die Nahrung den Darm passiert. Über das Bauchhirn erhalten wir zudem wichtige Signale – zum Beispiel wenn wir satt sind, uns den Magen verdorben haben oder zu viel Stress auf eben diesen schlägt. Und natürlich auch, wenn frisch verliebt die Schmetterlinge fliegen.

SO EINZIGARTIG WIE EIN FINGERABDRUCK

Sämtliche Mikroorganismen stehen in dieser kunterbunten Patchworkfamilie Darm in einer komplexen Wechselbeziehung zueinander. Mindestens 160 verschiedene Bakterienarten beherbergt dabei jeder von uns, in großer Anzahl zum Beispiel solche vom Stamm Firmicutes und Bacteroidetes. Als wichtige Quelle von Hormonen und Botenstoffen beeinflusst die Darmflora indirekt aber auch andere Organe außerhalb des Darms. Die Zusammensetzung Ihrer persönlichen Patchworktruppe – im Fachjargon Darmmikrobiom genannt – ist übrigens so einzigartig wie Ihr Fingerabdruck. Die Wissenschaft spricht hier deshalb auch vom mikrobiellen Fingerabdruck.

ICH HEISSE FIRMICUTES – UND WER BIST DU?

Bleibt mit Blick auf die Waage eine entscheidende Frage: Welche Bakterien füttern Sie eigentlich besonders gut? Inzwischen belegen verschiedene Untersuchungen, dass bei Übergewicht und Fettsucht bis zu 50 Prozent weniger Bacteroidetes-Bakterien zur Patchworkfamilie gehören. Dafür aber entsprechend mehr Mitglieder der Firmicutes-Sippe. Firmicutes vernaschen einfach alles, was ihnen in den Weg kommt. Sie machen sogar aus unverdaulichen Ballaststoffen noch Energie. Statt diese also wieder auszuscheiden, ziehen Firmicutes daraus zusätzliche Kalorien. Und damit Energie, die – wenn sie nicht gerade gebraucht wird – auf den Hüften beziehungsweise im inneren Bauchfett landet. In Zeiten großer Hungersnot stellte diese Einrichtung der Natur, aus einem Nullsaldo noch massig Futter rauszuholen, einen enormen Überlebensvorteil dar. Heute ist darin ein nicht zu unterschätzendes Gesundheitsrisiko zu sehen.

MEINE SIPPE IST VOM STAMM DER BACTEROIDETES

Bei Normalgewichtigen regiert in der Regel der Bacteroidetes-Stamm die Patchworkfamilie. Sie sind schlechte Futterverwerter und können zudem die Fettspeicherung hemmen. Das Gleichgewicht zwischen beiden Sippen wiederherzustellen, kann Intervallfasten unterstützen. Zum einen mit deutlicher Entlastung des Darms in essensfreien Zeiten: Fastenintervalle geben dem Körper die Möglichkeit, den Müll der Großfamilie per Autophagie zu entsorgen (Seite 23). Darunter zum Beispiel Gärstoffe aus einer weißmehl- und zuckerlastigen Ernährung, Zersetzungsgifte, Fäulnisprodukte und Gase. Während schädlichen Bakterien so der Nährboden entzogen wird, kann parallel eine optimale Nährstoffbereitstellung zum optimalen Zeitpunkt die Bacteroidetes-Vertreter wieder anfüttern.

HÜLSENFRÜCHTE AN KALTEN KARTOFFELN

Resistente Stärke mag die schlanke Bacteroidetes-Sippe besonders gern. Der Nahrungsbestandteil steckt etwa in Hülsenfrüchten, abgekühlten gekochten Kartoffeln, kaltem Reis oder Bananen, die noch grün sind. Da sie besonders widerstandsfähig ist, gelangt diese Stärke auch zuverlässig dahin, wo sie schon sehnsüchtig erwartet wird – in jene Abschnitte des Darms, in denen auch die schlank machenden und gesundheitsfördernden Darmbakterien zu Hause sind. Und wie in jeder guten Familie: Satt, zufrieden und lebensfroh gehen sie dann auch gerne flugs an die Familienplanung und vermehren sich reichlich. Eine Studie der University of Surrey im englischen Guildford konnte zudem zeigen, dass reichlich resistente Stärke sich offensichtlich auch bei einem bestehenden Diabetes vom Typ 2 positiv auswirken kann.

JOKER
HERZGESUNDHEIT

Beim Intervallfasten tut sich was. Nicht nur im Darm und auf der Waage. Auch Ihr Herz kann flexibler werden, genauer gesagt verbessert sich in dem Fall die Herzratenvariabilität (HRV). Damit steigt die Fähigkeit des Organismus, die Frequenz des Herzrhythmus situativ anzupassen. Ein gesundes Herz reagiert – auf Beanspruchung und Entspannung gleichermaßen. Die Abstände von einem Herzschlag zum anderen sind niemals völlig gleich. Ob sie schwere Einkaufstüten tragen, Stufe um Stufe in den dritten Stock spurten oder entspannt an einer Meditation teilnehmen. Ein weniger fittes Organ kann sich dagegen nicht ausreichend flexibel an äußere oder innere Beanspruchungen anpassen. Grund dafür sind oft psychische wie physische Belastungen, weshalb die HRV auch zur Messung des Stresslevels herangezogen werden kann.

So schließt sich mit dem Herzen ein wunderbarer Kreis. Denn Intervallfasten kann, wie beschrieben, regelrecht beflügeln. Und mehr Gelassenheit, Vitalität, Motivation und Selbstbewusstsein sind nur ein paar Veränderungen, die sich positiv auch auf die HRV auswirken können. Natürlich spielen Entspannungsübungen (Seiten 46/47) ebenfalls eine große Rolle. Und da durch Intervallfasten insgesamt weniger oxidativer Stress durch freie Radikale anfällt, kann die Herzgesundheit auch direkt profitieren.

WANN SIE NICHT FASTEN SOLLTEN

Wer Medikamente einnimmt, sollte stets ärztlich begleitet fasten, da viele Medikamente während des Fastens mitunter in ihrer Dosierung angepasst werden müssen.

Da unser Stoffwechsel über sehr gute Strategien verfügt, Mangelzustände zu überbrücken, kann laut der Ärztegesellschaft Heilfasten und Ernährung e.V. (ÄGHE) grundsätzlich jeder fasten.

Zu den wenigen Ausnahmen gehören unter anderem die folgenden Erkrankungen und Situationen:

- Essstörungen
- nach schweren Operationen
- Krebserkrankungen
- Demenz
- unbehandelte Schilddrüsenüberfunktion
- fortgeschrittene Leber- oder Niereninsuffizienz
- Schwangerschaft und Stillzeit
- Kinder und Jugendliche unter 18

SATTE GEWINNE

Schon allein, weil Sie sich freiwillig und bewusst fürs Intervallfasten entschieden haben, sollte es in dieser Zeit nicht zu quälenden Hungergefühlen kommen. Im beschriebenen Teufelskreis aus Stress, Bewegungsarmut und ungesunder Ernährung entsteht im Hormonhaushalt dennoch leicht ein Chaos. Das Gefühl dafür, hungrig oder wirklich satt zu sein, müssen wir deswegen erst wieder erlernen. Reden wir von Hunger, meinen wir in der Regel übrigens etwas ganz anderes: Appetit und damit die pure Lust auf etwas. Sie entsteht im limbischen System. Dem Ort, an dem Gefühle verarbeitet werden und unser Triebverhalten gesteuert wird. Wer jener Lust immer wieder nachgibt oder permanent snackt, verlernt mit der Zeit die natürlichen Hunger- und Sättigungssignale des Körpers. Überraschen wir unser System aber mit Essenspausen, findet eine Neuregulierung statt. Das Intervallfasten ist quasi die Reset-Taste für Ihr System – drücken Sie sie, kommen die Satt-und-zufrieden-Meldungen wieder an.

MIT STARKEN KNOCHEN UND FITTEN MUSKELN

Gut aufeinander abgestimmte Stoffwechselvorgänge sind eine unabdingbare Voraussetzung für ganzheitliche Leistungsfähigkeit, die Intervallfasten maßgeblich fördern kann, denn es reguliert biochemische Prozesse, verbessert die Zellfunktionen und stärkt so den gesamten Organismus. Und das gilt auch für unsere Knochen: Die US-amerikanische Wissenschaftlerin Miriam A. Bredella von der Harvard Medical School untersuchte in diesem Zusammenhang die Auswirkungen von Unter- und Überernährung. Ihr Ergebnis: Inneres Bauchfett geht mit einer verminderten Knochenstärke und einem erhöhten Fettgehalt des Knochenmarks einher. Ein weiterer Grund, diesen Depots den Kampf anzusagen.

Und schließlich noch ein Fitness-Benefit: Weil der Stoffwechsel beim Intervallfasten nicht – wie bei herkömmlichen Diäten – in die Enge getrieben wird, ist auch nicht mit dem für Radikalkuren typischen Verlust von Muskelmasse zu rechnen. Der effektivere Stoffwechsel sorgt vielmehr dafür, dass vorhandene Energiereserven zuvor zugemüllter Zellen genutzt und entzündliche Prozesse ausgebremst werden. Dann macht auch Bewegung wieder Spaß.

WELCHER **INTERVALLFASTEN-TYP PASST ZU MIR?**

Doch, es funktioniert. Auch mit Job. Während das klassische Fasten nicht unbedingt mit Alltagstauglichkeit punktet, bietet Intervallfasten flexible Varianten, die Sie typgerecht auswählen und individuell gestalten können. Grundsätzlich fasten Sie entweder im Stundentakt oder im Tagesrhythmus. Hier spielen Ihre persönlichen Vorlieben und Ihre Lebenssituation eine wichtige Rolle. Je länger die Essenspausen, desto anspruchsvoller zum Beispiel die Integration in einen sehr stressigen Berufsalltag. Wer körperlich stark gefordert ist, intensiv Sport treibt oder permanent hoch konzentriert arbeiten muss, sollte ebenfalls kürzere Intervalle wählen. Entscheidend ist natürlich auch, welches Ziel Sie mit dem Fasten verfolgen. Die Checklisten und Typbeschreibungen auf den folgenden Seiten helfen Ihnen, das für Sie ideale Intervallfasten-Modell zu finden.

INDIVIDUELL UND FLEXIBEL

- IN STUNDEN GETAKTET: Checkliste
- IM RHYTHMUS DES TAGES: Checkliste

STUNDENINTERVALLE:
- 16:8-Typ
- 18:6-Typ
- 20:4-Typ
- Mein cleverer Masterplan nach TCM

TAGESINTERVALLE:
- 5:2-Typ
- 1:1-Typ

IN STUNDEN
GETAKTET

Als Fasteneinsteiger tut man sich erfahrungsgemäß mit den Intervallen im Stundentakt leichter. Ebenso, wenn es tägliche Mahlzeiten gibt, auf die Sie keinesfalls verzichten wollen. Welche Zeitfenster für Essen und Fasten optimal sind, bestimmt schließlich Ihr individueller Tagesablauf. Dabei gilt: Je kürzer Sie die Essensphase wählen und je länger damit die Fastenphase, desto deutlicher können die Fasteneffekte und Gewichtsverluste ausfallen. Möglicherweise stellen Sie auch irgendwann fest, dass Ihnen beispielsweise die 5:2-Methode im Tagesrhythmus doch besser schmecken würde als das zunächst favorisierte 16:8-Stunden-Intervall. Sie können jederzeit wechseln.

DINNER-CANCELLING

Das kennen Sie bestimmt: Sie gehen ohne Abendbrot extra früh ins Bett, um erst gar nicht auf die Idee zu kommen, doch noch etwas zu essen. Gratulation. Mit diesem Dinner-Cancelling haben Sie nicht nur Geld im Supermarkt oder Restaurant gespart. Sie haben im Intervall gefastet und die natürliche nächtliche Essenspause auf 14, 16 oder sogar 18 Stunden verlängert. Beispielsweise Menschen mit Schlafstörungen können davon profitieren.

CHECKLISTE „ICH FASTE IM STUNDENTAKT“

Finden Sie sich in den meisten Aussagen dieser Checkliste wieder, können die Intervalle im Stundentakt ab Seite 32 Ihre Favoriten für den Fastenstart sein.

- Ich habe oft Heißhunger und fühle mich nur selten satt.
- Ohne mein Frühstück kann ich nicht aus dem Haus gehen.
- Wenn ich in der Mittagspause nichts Vernünftiges zwischen die Zähne bekomme, bin ich für den Rest des Tages nur schwer genießbar.
- Ich verzichte ungern auf das Abendessen mit meinen Lieben.
- Essen hat für mich grundsätzlich einen hohen Stellenwert.
- Ich bin beruflich stark beansprucht: Unter Stress esse ich in der Regel mehr und bekomme Lust auf Süßes.
- Ich snacke für mein Leben gern, und lasse mich dazu leicht verführen – ob im Supermarkt oder beim Bäcker.
- Ich habe vieles probiert, auch Intervallfasten wird bei mir nicht funktionieren.
- Übergewicht habe ich nicht, aber Pölsterchen kleiner Sünden stören mich.

IM RHYTHMUS
DES TAGES

Gehören Sie zu den Menschen, die ohne Schwierigkeiten einen ganzen Tag ohne Nahrung auskommen können? Dann probieren Sie die Tagesstrategien einfach einmal aus. Die Alternate-Day- oder auch 1:1-Variante wird von Altersforschern wie Frank Madeo als besonders effektiv angesehen. Vor allem, wenn es Ihnen um nachhaltige Impulse zum Gesundwerden und -bleiben und nicht nur um ein, zwei Kilo Gewichtsverlust geht. Gut zu wissen: Weil nie zwei Fastentage direkt aufeinander folgen sollten, verursachen auch diese Intervalle keinen Hungerstress. Und wenn alle Stricke reißen – nutzen Sie den SOS-Power-Snack (Seite 60).

CHECKLISTE „ICH FASTE IM TAGES-RHYTHMUS“

Finden Sie sich in den meisten Aussagen dieser Checkliste wieder, können die Intervalle im Tagesrhythmus ab Seite 36 Ihre Favoriten für den Fastenstart sein.

- Ich stelle am Abend oft verwundert fest, dass ich noch gar nichts gegessen habe.
- Im Beruf bin ich weniger stark bis mittelstark beansprucht.
- Wenn ich richtig gestresst bin, habe ich weniger Hunger als sonst und kriege kaum etwas runter.
- Ich würde mich als sehr entschlossen und willensstark beschreiben. Klare Ziele zu definieren, dafür kann ich mich begeistern.
- Bei meinen Kollegen bin ich für meine Konsequenz und meinen Fleiß bekannt. Auch bei Problemen gebe ich nicht auf und lege mich erst so richtig ins Zeug.
- Heißhunger kenne ich eigentlich nicht beziehungsweise habe ich nur selten.
- Ich habe mir seit Längerem vorgenommen, einen Tag in der Woche zu meinem Wellnesstag zu erklären und in dieser Zeit keine Termine zu machen.
- Ich bin mit meinem Gewicht sehr unzufrieden und möchte mehr als die üblicherweise schwankenden zwei bis drei Kilogramm abnehmen.
- Ich bin positiv motiviert, etwas für mich zu tun. Dafür bin ich auch bereit, alte Gewohnheiten über Bord zu werfen.
- Ich möchte nicht nur etwas für meine Figur tun. Mir geht es in erster Linie um die gesundheitlichen Effekte.

LEICHTER
EINSTIEG

Intervalle im Stundentakt legen die Essensphase auf einen konkreten Zeitraum mit einer bestimmten Anzahl von Stunden fest. Will man das Ganze (erst mal) sanft angehen, bleibt das Fastenzeitfenster dabei vergleichsweise klein – beim 16:8-Modell sprechen wir dann von 16 Stunden. Bedeutet im Umkehrschluss: Die folgenden 8 Stunden sind für Ihre Mahlzeiten und Snacks reserviert. Ursprünglich als Leangains-Methode bekannt (lean = dünn, hager, schlank; gains = Gewinne), wurde diese Variante vor allem für Sportler und Bodybuilder entwickelt. Die Idee: kein Frühstück, dafür aber Power-Nahrung am Mittag und am Abend. So sollten optimale Bedingungen für den Muskelaufbau im Training geschaffen werden.

DER 16:8-TYP

Sie hängen doch ein wenig (mehr) an Ihren Gewohnheiten und brauchen bestimmte Mahlzeiten, um sich wirklich wohlzufühlen? Dann sind Sie hier richtig. Die 16:8-Variante lässt sich zudem relativ einfach in den Alltag integrieren. In der Essensphase dürfen Sie – Ihrem Konstitutionstyp entsprechend – zugreifen, bis Sie satt sind. Sie können Ihre Fastenerfolge allerdings steigern, wenn Sie sich dabei auf zwei statt drei Mahlzeiten beschränken und zwischen diesen noch ein 5-stündiges Minifasten einbauen. So gibt es in den 8 Essensstunden aber logischerweise auch keine Zwischendurch-Häppchen mehr.

So flexibel sind Sie: Die Essenszeit lässt sich bei 16:8 flexibel gestalten, sodass Sie kaum Schwierigkeiten bei der Umsetzung haben dürften. Insbesondere, wenn Sie in den gesamten 8 Essensstunden zuschlagen wollen. Andererseits werden Sie dann auch keinen nennenswerten Gewichtsverlust verzeichnen.

Stress-Tipp: Wer in der Früh viel Energie braucht und im Job stark gefordert ist, startet idealerweise mit einem vollwertigen Frühstück in die Essensphase. Hier bieten sich ein Porridge (Seite 72), oder ein Power-Smoothie als Muntermacher (Seite 66) an. Sollten Sie eher zu den Typen gehören, die morgens kaum etwas herunterbekommen, ist ein Brunch perfekt. Steht dieser beispielsweise um 11 Uhr auf dem Plan, passt auch noch ein gemütliches Abendessen mit Freunden oder der Familie in das 8-Stunden-Zeitfenster bis 19 Uhr.

GELUNGENE FORTSETZUNG

Wer problemlos 16:8 fastet und motiviert ist, intensiver vorzugehen, um noch mehr zu erreichen, wechselt auf 18:6. Also 18 Stunden fasten und 6 Stunden essen, zum Beispiel zwischen 7 und 13 Uhr oder zwischen 14 und 20 Uhr. Meine persönliche Erfahrung ist, dass es sich wirklich lohnt, das eigene optimale Intervall in Ruhe zu erforschen und in den ersten Tagen zu experimentieren. Zumal Sie mittel- bis langfristig in jedem Fall eine Mahlzeit weglassen werden. Ich bin mit der goldenen Mitte, sprich einem späten Brunch ab 11 Uhr und einem frühen Abendessen bis 17 Uhr am besten gefahren.

DER 18:6-TYP

Wenn Sie der Typ sind, der gut auf eine von drei Mahlzeiten am Tag verzichten kann, ohne körperliche und geistige Leistungseinbußen zu spüren, dann könnte Sie 18:6 regelrecht beflügeln. Bereits nach 6 bis 8 Stunden Fasten schüttet der Organismus übrigens vermehrt das Wachstumshormon Somatotropin aus. Ein für Aufbau und Regeneration wichtiger Botenstoff, der beispielsweise die Freisetzung von Triglyzeriden aus den Fettzellen und damit die Fettverbrennung ankurbeln kann. Auch für den Zuwachs von Muskelmasse ist das Hormon bedeutsam.

Die Muskulatur ist wiederum als stoffwechselaktives Körpergewebe besonders wichtig, wenn Sie wirklich effektiv abnehmen wollen. Generell gilt: Je besser Ihre Muskeln trainiert sind (Seite 48), desto höher ist Ihr Grundumsatz. Muskelmasse verbraucht nämlich bereits im Ruhezustand, also ohne körperliche Aktivität, fleißig Kalorien. Vom segensreichen Wachstumshormon-Bad profitieren Sie bei 18:6 leichthin gut 10 Stunden lang – und fördern so optimal Ihren Stoffwechsel.

So flexibel sind Sie: Zwei Stunden weniger in der Essensphase sind trotz alledem nicht zu unterschätzen. Die Flexibilität sinkt im Vergleich zu 16:8 merklich, denn jetzt muss man sich entscheiden, welche Mahlzeit wegfallen darf. In jedem Fall werden Stoffwechsel und Immunsystem von einer sorgfältigen Auswahl an Lebensmitteln mit hoher Nährstoffdichte (Seite 50) profitieren.

Stress-Tipp: Gehen Sie Ihren Tagesablauf im Geiste durch. Welche Mahlzeit liefert Ihnen die meiste Energie? Zu welchen Tageszeiten überfällt Sie in der Regel der große Hunger? Können Sie die Essensphase in diese Stunden legen und dafür gegebenenfalls auch auf das Abendessen verzichten? Wenn das für Sie mit einem Dilemma verbunden ist, das Ihren Stress eher erhöht, dann bleiben Sie bei 18:6.

OVEREATING
FÜR KRIEGER

18:6-Fasten ist für Sie ein Kinderspiel? Dann wagen Sie doch das Abenteuer einer auch als Overeating bezeichneten Variante. Beim 20:4-Intervall wird's allerdings endgültig eng mit der Essenszeit – und deswegen zwangsläufig auch mit der Alltagstauglichkeit. Eine Phase von nur 4 Stunden bedeutet, Sie werden in dieser Zeit womöglich futtern, was nur reingeht. Ähnlich wie schon unsere Vorfahren, denen nach jedem Essensfund die nächste Hungersnot drohte. Grund genug, bei 20:4 auch von der Warrior-Methode (warrior = Krieger) zu sprechen.

DER 20:4-TYP

Sie sind sprichwörtlich den ganzen Tag auf der Jagd, vergessen dabei völlig das Essen und brauchen eigentlich nur eines: ein richtiges Abendessen, und zwar mit allem und vom Feinsten? Perfekt, Sie sind der geborene Warrior-Kandidat! Ebenso eignet sich das Modell natürlich für alle, denen im Grunde nur Ihr Frühstück oder Mittagessen heilig ist. Durchschlagende Erfolge sind hier – wie bei 18:6 und 16:8 auch – allerdings nur dann zu verbuchen, wenn Sie in der Fastenphase möglichst keine Kalorien vernaschen. Und in der Essensphase bevorzugt auf natürliche Lebensmittel setzen, die Sie mit allen wichtigen Vitalstoffen versorgen. Kommt unweigerlich ein Tief, ist ein SOS-Power-Snack in Ordnung (Seite 60).

So flexibel sind Sie: Diese Frage beantwortet sich von selbst. Die Flexibilität der anderen Stundentakt-Modelle ist bei 20:4 kaum bis gar nicht mehr vorhanden. Der Typ, der eher bestimmend und ergebnisorientiert durchs Leben geht, nimmt vermutlich dennoch alle Willensstärke zusammen und macht weiter, bis das Ziel erreicht ist. Wer diese Variante einmal ausprobiert hat, wird mitunter feststellen, dass es in den 4 erlaubten Essensstunden je nach Stressbelastung und Situation wahrlich zu einem Overeating kommen kann. Mit sich abwechselndem Appetit auf Herzhaftes, Salziges oder Süßes. Mir war dieses Intervall im Vergleich und mit Blick auf mein tägliches Stress- und Leistungspensum zu unausgewogen, quasi weder Fisch noch Fleisch. Für Sie kann es freilich die Topstrategie sein – Probieren geht hier eindeutig über Studieren.

Stress-Tipp: Sie sind jemand, der sich eher systematisch und Schritt für Schritt einer Sache nähert? Jemand, der dauerhafte Veränderungen im Blick hat und den Etappenziele motivieren weiterzugehen? Und der auf diese Weise nicht selten auf der Ziellinie jene überholt, die am Start an Ihnen vorbeigeprescht sind? Dann dürften Sie bei den Intervallfasten-Typen 18:6 oder 16:8 besser aufgehoben sein. Mit einer Extraportion Willensstärke und Disziplin ausgestattet, können Sie alternativ direkt auf eine Tagesstrategie wechseln.

MEIN CLEVERER MASTERPLAN

Stunde um Stunde schlank und gesund: In der Traditionellen Chinesischen Medizin (TCM) geht man davon aus, dass jedes Körperorgan im Laufe des Tages bestimmte Arbeits- und Ruhephasen hat, mal mehr und mal weniger leistungsstark ist. Wann Leber, Herz und Co. jeweils mit besonders viel Lebensenergie, dem Qi, versorgt sind, zeigt die Organuhr. Die perfekte Inspiration für alle, die noch unentschlossen sind, welcher Stundentakt besonders gut zu ihnen passt.

16:8 MIT IDEALEM DENKER-INTERVALL

Die chinesische Organuhr steht von 7 bis 9 Uhr auf Nahrungsaufnahme. Aus Sicht der TCM also die beste Zeit für ein richtiges Power-Frühstück. Nach dem Frühstück ist zwischen 9 und 11 Uhr eine gute Zeit für Gespräche mit dem Chef, Meetings, Verhandlungen und andere wichtige Termine. Denn jetzt erreicht unsere Denk- und Merkfähigkeit ihr Leistungshoch. Hier können Sie zum Beispiel mit einem Frühstück gegen 8 Uhr punkten. Für die letzte Mahlzeit vor der Fastenphase ist dann zwischen 15 und 16 Uhr noch reichlich Zeit.

18:6 MIT OPTIMALEM HERZ-INTERVALL

Der spätere Vormittag zwischen 11 und 13 Uhr ist nach der chinesischen Organuhr die Zeit des Herzens und der puren Lebensfreude – und damit perfekt für einen Lunch mit Freunden oder Kollegen. Wenn Sie mit einem geselligen Brunch oder frühen Mittagessen um 11 Uhr in die Essensphase starten, tanken Sie beim 18:6-Fasten diese Extraportion positive Energie. Die letzte Mahlzeit steht dann gegen 16 Uhr auf dem Plan, sodass Sie diese noch in Ruhe genießen können, bevor um 17 Uhr das Fasten beginnt.

20:4 MIT KLÄRENDEM POWER-INTERVALL

Zwischen 13 und 15 Uhr ist die ideale Zeit für eine Siesta. Nach der chinesischen Organuhr aktiviert das Qi nun besonders den Dünndarm. Fasten Sie im 20:4-Intervall, bietet sich zum Beispiel ein Mittagessen um 13 Uhr an. So profitieren Stoffwechsel wie Geist von der anschließenden Ruhephase, und Sie können entspannt zwischen 16 und 17 Uhr noch einmal essen.

Tipp: Die Siesta im biologischen Mittagstief eignet sich, um die bisherigen Eindrücke des Tages zu reflektieren und einzuordnen, bevor Sie Teil zwei Ihres Pensums in Angriff nehmen.

WENNSCHON, DENNSCHON

Wir sind bei 5:2 und damit bei den Tagesstrategien angelangt. Bedeutet im konkreten Fall: An 2 Tagen müssen Sie sich mit fastentauglichen 500 (Frauen) beziehungsweise 600 (Männer) Kilokalorien begnügen, an den verbleibenden 5 Tagen darf wieder gegessen werden, was am meisten mundet. Ausgenommen sind raffinierte, also industriell stark verarbeitete Kohlenhydrate wie etwa in Weißbrot und Zuckerwaren. Eine bekannte Pionierin des 5:2-Modells ist die amerikanische Ernährungsmedizinerin Michelle Harvie. Die Idee dahinter: Abgestumpfte Belohnungssysteme im Gehirn sollen sich erholen und riskantem Bauchfett der Kampf angesagt werden.

DER 5:2-TYP

Sie haben einen unregelmäßigen Wochenablauf? Sind im Job heute hier und morgen dort? Dann kann 5:2 Sie dabei unterstützen, eine damit oft verbundene zeitweise unausgewogene Ernährung etwas auszugleichen. Die meisten Vertreter dieses Modells raten dazu, einem Fastentag aber mindestens einen Normalesstag folgen zu lassen, um Hungerstress zu vermeiden. Beispiel: Zum Start in die Arbeitswoche wird am Montag wie gewohnt gegessen. Am Dienstag mit noch frischem Wochenakku den ersten Fastentag einlegen. Mittwoch normal essen, Donnerstag fasten und Freitag wieder essen, ohne Kalorien zählen zu müssen. Dennoch zahlt es sich freilich aus, nährstoffreiche Nahrungsmittel zu wählen und clever zu kombinieren. Wer nämlich an seinen Essenstagen nur auf Schoko, Chips und Burger setzt oder sich in anderer Form einseitig ernährt, wird mit dieser Methode im wahrsten Sinne des Wortes kaum satt und froh werden. Das macht Stress. Und Stress ... Sie wissen ja.

So flexibel sind Sie: Flexibel sind Sie in der Auswahl der Wochentage. Es ist und bleibt jedoch eine sehr persönliche Frage, ob es Ihnen und Ihrem Stoffwechsel auf Dauer liegt. Wenn Sie feststellen, dass Sie mehr leiden, die Laune sinkt und Sie sich eher zum Durchhalten zwingen, lassen Sie es und wählen Sie eine sanftere Form des Intervallfastens.

Stress-Tipp: Achten Sie an den Fastentagen auf reichlich Flüssigkeit. Ideal sind ungesüßte Tees oder Heilwässer, schwarzer Kaffee ist ebenfalls erlaubt. Ein (Stress-) Benefit: Auch mit der 5:2-Variante können sich Ihre Ernährungsbedürfnisse nachhaltig und wohltuend verändern. Geschmack, natürlicher Hunger und Sättigungssignale kommen ins Lot.

TAGEIN, TAGAUS

Jeden zweiten Tag wird gefastet – das ist der Deal bei der 1:1-Variante. Genauer gesagt folgt hier auf eine im längsten Fall 12-stündige Essenszeit eine 36-stündige Fastenphase. Sie essen beispielsweise an einem Tag zwischen 8 Uhr morgens und 20 Uhr abends ganz normal. Über Nacht sowie am gesamten nächsten Tag gibt es dann weder Mahlzeiten noch Snacks ... und erst am Tag darauf wieder ein Frühstück. Das ist definitiv eine Herausforderung.

DER 1:1-TYP

Das Intervallfasten in Form von sich abwechselnden Ess- und Fastentagen wird in der InterFast-Studie von Frank Madeo und Team auch als 10in2 bezeichnet. Hier steht die 1 für den Essenstag und die 0 für den Fastentag – beides innerhalb von zwei Tagen. Wobei sich das 10in2-Konzept nicht nur auf die Ernährung bezieht. Es soll durch psychologische und philosophische Aspekte unterstützt zu einer ganzheitlichen Lebensweise beitragen. Besonders verbreitet ist 10in2 in Österreich, dort populär geworden durch Bernhard Ludwig, seines Zeichens Psychologe, Kabarettist und Buchautor.

Wer mehr als ein, zwei Kilogramm Körpergewicht loswerden will, dürfte hier Erfolge verbuchen. In jedem Fall wird die Energiebilanz im Laufe einer Woche deutlich negativ ausfallen. Wie beim 5:2-Intervall sind an den Fastentagen um die 500 Kalorien für Frauen und 600 Kalorien für Männer vorgesehen, verteilt auf maximal zwei Mahlzeiten (zum Beispiel morgens 230 Gramm Müsli mit Milch, Honig, Obst und mittags etwa 350 Gramm gekochte Kartoffeln). Neben den bekannten kalorienfreien Getränken können Sie zusätzlich auch auf eine fettarme, wärmende Gemüsebrühe ausweichen.

So flexibel sind Sie: Zugegeben, ein enges Korsett und eine wahre Challenge für den Organismus, im Schnellverfahren das Umschalten auf den Fettstoffwechsel zu lernen. Wer es ernst meint, sollte zuerst prüfen, ob sich diese Variante mit dem Alltagsleben vereinbaren lässt. Jokertage – an denen Fastentage zu Esstagen umfunktioniert werden, etwa, wenn Weihnachten oder eine Party ansteht – sollten wirklich die Ausnahme bleiben.

Stress-Tipp: Von Bernhard Ludwig gibt's davon reichlich auf Facebook. Darunter: „Sollten Sie diesen wunderschönen Nuller-Tag an einem See verbringen, dann denken Sie bitte an die Umwelt und trinken ihn nicht gleich aus." Und eine medizinische Tatsache ist: Wenn man die Dinge generell etwas lockerer nimmt, auch mal mit Humor an eine Stresssituation oder Probleme herangeht, hilft das ungemein.

EXPERTEN-INTERVIEW

Exklusives Experteninterview mit Dr. med. Claudia Thiel, Fachärztin für innere Medizin, Ernährungsmedizinerin im Ernährungszentrum-Saar für Ernährungsmedizin und Prävention (ZEP) in Saarbrücken.

FITTER, VITALER, KONZENTRIERTER

„MIT INTERVALLFASTEN NUTZEN SIE IHRE KAPAZITÄTEN OPTIMAL AUS“

VON ZELLMÜLL UND STRESS BEFREIEN

Sie haben in mehr als 25 Jahren schon Hunderte Abnehmwillige begleitet. Was ist beim Intervallfasten anders als bei allen anderen Ernährungsformen und Diäten?

Dr. Thiel: Übliche Diäten scheitern oft an der konsequenten Umsetzung im Alltag. Das liegt daran, dass insbesondere einseitige Formen wie etwa eine Kohlsuppen- oder Ananasdiät darauf abzielen, die Ernährung qualitativ zu verändern. Beim Intervallfasten geht es um eine zeitliche Einordnung, die dem Körper die Möglichkeit gibt, seine Zellen aufzuräumen. Genau das ist meiner Meinung nach das Allerwichtigste. Und es lässt sich auch langfristig umsetzen, weil wir zwar für eine gewisse Zeit Verzicht üben, uns aber nicht qualitativ einschränken.

… aber mengenmäßig insgesamt weniger essen.

Dr. Thiel: Richtig, aber eben dauerhaft. Die meisten Menschen machen kurzfristig irgendeine Diät. Damit haben sie auch für den Moment Erfolg. Aber dann denken sie: Nach der Diät kann ich wieder genauso essen wie bisher. Und „normal" essen ist in unserer von Industriekost geprägten Gesellschaft nun mal einfach ungesund. Viele stopfen wahllos ständig etwas in sich hinein. Wer langfristig abnehmen beziehungsweise sein Gewicht halten will, sollte auch langfristig etwas verändern. Mit Intervallfasten geht das sehr gut.

Auch als lebenslange Ernährungsform?

Dr. Thiel: Ja, in jedem Fall. Schauen Sie sich einmal an, wie sich Menschen ernähren, die sehr hohe Lebensjahre erreichen. Viele verzichten über lange Phasen am Tag auf Nahrung. Und wenn sie essen, wählen sie ihre Nährstoffe bewusst aus. Am besten in Form natürlicher Lebensmittel. Um dieses Bewusstsein geht es. Alle wollen immer nur abnehmen. Ganz schnell natürlich und wenn es sein muss, um jeden Preis. Dem Organismus ist das nicht wirklich zuträglich. Vor allem, wenn man als Berufstätiger jeden Tag Leistung bringen muss.

Hektik kennt ja eigentlich jeder in unserer Gesellschaft. Lässt sich mit Intervallfasten auch das individuelle Stresserleben verändern?

Dr. Thiel: Sehr gut sogar. Wichtig ist, in den Essenszeiten darauf zu achten, ausreichend mit Vitalstoffen, Vitaminen, Mineralien und Spurenelementen versorgt zu sein. Dann kann man bereits innerhalb der ersten ein bis zwei Wochen in vielerlei Hinsicht profitieren. Unsere Patienten berichten von einem deutlich besseren Schlaf. Sie fühlen sich insgesamt fitter und wacher. Viele können ihr Alltagspensum wieder meistern und mit Stresssituationen besser umgehen. Auch Muskel- und Gelenkbeschwerden verbessern sich oft. Zusammengefasst: Mit Intervallfasten nutzen Sie Ihre Kapazitäten optimal aus.

Und mit welchem Fastenintervall lässt sich das am besten erreichen?

Dr. Thiel: Wir empfehlen im Ernährungszentrum ein Fastenzeitfenster von mindestens 12 Stunden. Wer gut damit zurechtkommt, kann auch 14, 16 Stunden und länger fasten. Aus vielen Untersuchungen wissen wir, dass Essenspausen gerade für das Gehirn viele Vorteile bieten. Schon nach relativ kurzer Zeit des Fastens sind wir oft konzentrierter und können klarer denken. Wir bekommen wieder einen ganz fokussierten Blick auf die Dinge – und das kann den individuellen Stresslevel enorm reduzieren. Das Abnehmen passiert da im Grunde ganz nebenbei.

Welche Prozesse laufen in diesen 12 oder mehr Stunden im Körper ab?

Dr. Thiel: Wenn wir keinen Essensnachschub bekommen, dann verwendet der Körper buchstäblich alles, was rumliegt. Zuerst werden die Zuckerspeicher entleert. Danach kommt die Fettverbrennung dran. Wenn Sie 12, 14 oder mehr Stunden Karenz einhalten, sinken auch der Kortisol- und der Insulinspiegel. Der gesamte Stoffwechsel verändert sich und kann deswegen seine Zellen endlich aufräumen. Es ist offensichtlich so, dass der Körper sich in Fastenphasen sagt: Okay, ich kriege nicht viel von außen. Dann schaue ich doch einmal, was sich an Vorhandenem noch gebrauchen lässt. Er recycelt sozusagen alte Zellbestandteile und zerlegt sie in kleinste Bausteine, um diese dann wiederzuverwerten. Wird er aber pausenlos gefüttert, hat er überhaupt keine Zeit, sich um den ganzen Abfall zu kümmern.

Können wir auch schon mit einem Verzicht auf Zwischenmahlzeiten und Naschereien positiv auf den Stoffwechsel einwirken?

Dr. Thiel: Die Snacks wegzulassen, kann ein guter erster Schritt sein. Wenn ich drei Mahlzeiten am Tag zu mir nehme und dazwischen wirklich Pausen mache, wirkt sich das auf jeden Fall positiv aus. Vor allem, weil sich die Bauchspeicheldrüse – die ja ein Leben lang Insulin produzieren soll – erholen kann. Auf Zwischenmahlzeiten zu verzichten, fällt natürlich den meisten Menschen auch erst einmal am leichtesten.

Interessanterweise wurde noch in den 1980er- und 1990er-Jahren empfohlen, möglichst viele kleine Mahlzeiten über den Tag zu verteilen ...

Dr. Thiel: ... mit dem Ergebnis, dass der Mensch immer müder und damit auch dicker wurde. Man wollte so einen möglichst konstanten Zuckerspiegel erreichen. Das schafft man auf diese Weise zwar, aber: Mit permanent hohem Insulinspiegel werden Sie träge. Der Stoffwechsel verliert die Flexibilität, von Zuckerverbrennung auf Fettabbau umzuschalten.

GESUND UND FIT
STATT NUR SCHLANK

Könnten diese guten alten Gewohnheiten der Grund sein, warum wir uns beim Thema Ernährung oft selbst im Weg stehen?

Dr. Thiel: Auf jeden Fall ist das so. Das, was wir uns über Jahrzehnte angewöhnt haben, sitzt in unserem Kopf wie ein Autopilot. Und wir sind davon überzeugt, dass es nur so sein darf und nicht anders.

... weswegen es durchaus herausfordernd sein kann, sich langfristig an 12, 14 und mehr Stunden ohne Essen zu gewöhnen?

Dr. Thiel: Durchaus. Meines Erachtens ist das Arbeiten an alten Programmen und unerwünschten Verhaltensweisen mindestens so wichtig wie eine gute Ernährung oder ein gutes Intervallfasten. Eher sogar noch wichtiger.

Mit welcher Form des Intervallfastens kommen denn die meisten am besten zurecht?

Dr. Thiel: Das ist ganz unterschiedlich. Es gibt Menschen, denen es sehr leichtfällt, 12, 14 Stunden und länger Verzicht zu üben. Das sind in der Regel diejenigen, die ungern frühstücken und häufig sogar froh sind, wenn ihnen jemand sagt: „Du musst morgens nichts essen." Viele haben es als inneres Pflichtprogramm abgespeichert und von Kindesbeinen an gelernt, dass man ohne gutes Frühstück niemals das Haus verlassen sollte. Ein weiteres Phänomen alter Gewohnheiten.

Beispiel: Ich bin zu einem 14:10, also 14 Stunden fasten, 10 Stunden essen, entschlossen. Ich möchte dafür das Frühstück auslassen, schaffe es aber beim besten Willen nicht. Wie kann ich das denn ändern?

Dr. Thiel: Erst einmal sollten Sie überprüfen, ob Sie eine unerwünschte, eingefahrene Überzeugung haben. Wenn das so ist, dann schreiben Sie sie auf. Beispiel: Ich muss unbedingt frühstücken, bevor ich in den Tag starte. Dann ersetzen Sie diese Überzeugung durch das neue erwünschte Verhalten, zum Beispiel: Es reicht mir, wenn ich morgens meinen Kaffee und einen halben Liter Wasser trinken kann. Mein Frühstück nehme ich dann zwischen 10 und 11 Uhr in Ruhe zu mir. Auch die neue Überzeugung sollte aufgeschrieben und jeden Tag mehrfach wiederholt werden – wie ein Mantra. Bis sie sich automatisiert, können im Schnitt 6 bis 12 Wochen vergehen. Und man muss wissen, dass ein Rückfall in die alten Verhaltensmuster auch später noch möglich ist, etwa ausgelöst durch sehr hohe Stressspitzen oder einschneidende Lebensereignisse. Daher sollte man neue, erwünschte Verhaltensweisen immer und immer wieder einüben.

Nun verbindet sich mit dem Wunsch nach neuen Gewohnheiten nicht selten auch jener nach der Superschlank-Silhouette, wie sie uns in Werbung, klassischen und sozialen Medien rund um die Uhr präsentiert wird. Abgesehen davon, dass das

jeder Realität entbehrt und noch mehr Stress bedeutet: Wie viel schlank ist eigentlich gesund?

Dr. Thiel: Schlank heißt immer auch, dass ich eine gesunde, ausgebildete Muskulatur haben sollte. Einfach nur dünn zu sein und ein geringes Gewicht auf die Waage zu bringen, ist es also nicht. Auch benötigen vor allem Frauen eine gewisse Menge an Unterhautfett. Frauen, die sehr dünn sind, werden oft nicht schwanger. Ein Schutzmechanismus der Natur, die sich sagt: Diese Frau hat viel zu wenig Fett, um sich und ihr Kind zu ernähren. Aber es ist heute in unserer Gesellschaft tatsächlich sehr, sehr schwierig. Viele haben völlig überzogene Vorstellungen, zum Beispiel, dass man mit über 50 noch aussehen muss wie mit 18. Äußerlichkeiten nachzurennen, ist tatsächlich ein Problem.

Was müsste sich Ihrer Meinung nach ändern, damit wir uns stattdessen des hohen Wertes unserer Gesundheit bewusst werden?

Dr. Thiel: Ich glaube, es hat wirklich etwas mit Werten zu tun. Der Einzelne tut sich oft unglaublich schwer damit, das, was durch Medien und Internet vorgelebt wird, zu reflektieren. Und für sich herauszufinden, ob es auch dem entspricht, was man für sein eigenes Leben als wichtig und wertvoll definieren möchte. Leider ist es immer noch so, dass die meisten Menschen erst anfangen darüber nachzudenken, wenn sie krank sind. Wenn ich mir alleine anschaue, wie viele Menschen übergewichtig sind, darunter immer mehr Kinder und Jugendliche. Dennoch muss man sagen: Viele Menschen spüren, dass der Weg, der die vergangenen Jahrzehnte eingeschlagen wurde, eigentlich immer weiter in die Katastrophe geführt hat. Was uns gerade im Bereich der Ernährung noch fehlt, ist die Verbindlichkeit. Allen voran in Kitas und Schulen. Unsere Gesellschaft setzt zu sehr auf Eigenverantwortlichkeit. Die ist natürlich wichtig. Aber das alleine reicht meines Erachtens nicht. Bei großem Stress fällt gesundes Essen in der Regel einfach immer hinten runter. Weil es anstrengend ist und Energie kostet, sich nachhaltig um eine gute Ernährung zu kümmern.

Vielleicht brauchen wir eine stärkere Motivation. Wie wäre es mit einem Anti-Aging-Intervall? Immerhin ist der Traum von der ewigen Jugend der wohl am längsten gehegte Menschheitstraum.

Dr. Thiel: (lacht) Auf die Essens- und Fastenphasen bezogen lässt sich das nicht beantworten. Aber grundsätzlich hat Intervallfasten tatsächlich eine sehr gute Anti-Aging-Wirkung. Das hängt auch mit den Endkappen der Chromosomen zusammen, den Telomeren. Diese verkürzen sich bei jeder Zellteilung. Sind sie aufgebraucht, kann sich die Zelle nicht mehr teilen. Das ist der normale Alterungsprozess. Es gibt aber die Möglichkeit, diese Telomere zumindest teilweise wieder aufzubauen. Und dazu gehört auch, dass wir eher wenig essen beziehungsweise Fastenphasen einhalten.

Frau Dr. Thiel, vielen Dank für das Gespräch.

(Das Interview führte Pepe Peschel. Es wurde redaktionell bearbeitet und gekürzt.)

GARANTIERT FIT IM JOB!

Nicht nur mit einer Fast Food-lastigen Ernährung kann der Stoffwechsel in Schieflage geraten. Auch zu viel Stress, Schlaf- und Bewegungsmangel stören die sensiblen biochemischen Prozesse in unserem Körper mitunter empfindlich. Anders herum profitieren alle vier Säulen vom Intervallfasten als nachhaltige Zündschnur für einen achtsamen Lebensstil. Eine tägliche Extraportion Vitalität, Leichtigkeit und puren Vergnügens inklusive.

MEINE VIER POWER-SÄULEN FÜR MEHR LEISTUNGSFÄHIGKEIT UND EINE SCHLANKE LINIE

- POWER-SÄULE 1: STRESSFREIE ZONE
- POWER-SÄULE 2: BEWEGT DURCHS LEBEN
- POWER-SÄULE 3: EINE MÜTZE SCHLAF
- POWER-SÄULE 4: NÄHRSTOFFDUSCHE MARSCH

POWER-SÄULE 1: STRESSFREIE ZONE

Beruf und bewusste Ernährung, das geht für viele einfach nicht zusammen. 64 Prozent der Berufstätigen sagen, ihnen bleibe schlicht nicht genug Zeit für ein gesundes Essen. Bei Stressspitzen werden oft Pizza oder eine Familienpackung Eiscreme wahlweise zum Trostpflaster oder zur Belohnung nach einem kräftezehrenden Tag. Endstation „Ess-Eskapismus – die Flucht ins Essen vor der anstrengenden, komplexen, aggressiven Welt“, so der Berliner Blogger Sascha Lobo in einer Spiegel-Online-Kolumne. Tatsächlich lässt der Stress 27 Prozent aller Erwerbstätigen zur Entspannung essen. Auch gegen schlechte Laune wird ankonsumiert: in der Regel zucker- und/oder fettlastig vor, nach und auch zwischen den Mahlzeiten.

STRESS MACHT IMPOTENT

Wie Sie bereits erfahren haben, können Hektik und Stress für sich genommen schon wie ungesundes Essen wirken (Seite 13). Ganz zu schweigen von den weiteren gesundheitlichen Folgen, darunter nicht zuletzt auch die stress- und sorgenbedingte Impotenz des Mannes. Eines Tages völlig ausgebrannt zu sein, das kann heute zweifelsohne jeden treffen – quer durch alle Altersklassen. „Wer je ein ausgebranntes Gebäude gesehen hat, der weiß, wie verheerend so etwas aussieht.“ Mit diesem Bild beschrieb der Psychologe und Psychoanalytiker Herbert Freudenberger (1926 bis 1999) einmal eindrucksvoll das Burn-out-Syndrom.

TIPP

Ein erfolgreiches Gewichtsmanagement wird nur gelingen, wenn es Hand in Hand mit nachhaltigem Stressabbau geht.

FREUNDSCHAFTEN PFLEGEN

Alles Gründe, warum unsere Lebensbeziehungen mindestens so wichtig sind wie eine gesunde Ernährung. Die Einbindung in das soziale Umfeld. Und zwar im direkten Kontakt, im persönlichen Gespräch und in der echten Begegnung – sprich live und in Farbe. Auch im größten Trubel des Lebens Freundschaften zu pflegen, kann uns (wieder) optimistisch stimmen und die Zufriedenheit erhöhen.

EINEN GANG ZURÜCKSCHALTEN

Wenn Sie an Ihrer Stresssituation nichts verändern, kann das Gespür für den Körper zunehmend verloren gehen. Oft entfernen wir uns dabei auch von unseren ureigenen Wünschen und Bedürfnissen. Wir rennen nur noch fleißig durchs Hamsterrad. Doch egal, was wir tun, es macht uns nicht (mehr) glücklich. Haben Sie zum Beispiel oft das Gefühl, sich selbst im Weg zu stehen, und machen trotzdem weiter wie bisher? Weil es so gar nicht in das gesellschaftlich verankerte und diktierte „Ich bin perfekt und grenzenlos leistungsfähig"-Bild passt, wenn man nicht mehr kann? Aber würden Sie auch weiterfahren, wenn Ihr Auto mit überhitztem Motor zu qualmen und zu stottern beginnt? Eben.

ICH-IDENTIFIKATION UND GLÜCK

Der renommierte Psychologe Matt Galan Abend sieht die Ursache für viele unserer Sorgen im Nicht-loslassen-Können – im Zwischenmenschlichen, aber auch im Berufsleben: Ich hänge an **meinem** Job, **meiner** Position, **meiner** Karriere und so weiter. Wenn Sie sich hier insgeheim wiederfinden, ist einer Ihrer größten Stressoren womöglich, dass Sie sich weniger über Ihre einzigartige Persönlichkeit, sondern vielmehr über materielle und immaterielle Statussymbole definieren. Matt Galan Abend rät, all dies nicht mit dem Ich zu verwechseln. Es gehört nicht zu uns („Leben heißt Loslassen", Verlag Via Nova, Petersberg 2005). Natürlich ist ein gut dotierter Job toll. (M)ein Haus, (m)ein Garten und (m)ein Auto sind das auch. Aber macht Sie das alles wirklich im tiefsten Herzen glücklich?

BEWUSSTSEINSÜBUNG:

Wer sind SIE? Wo hängen Sie gerade fest? Und was wollen Sie wirklich in und von Ihrem Leben? Sich seiner selbst bewusst zu sein, entstresst und kann bereits vieles verändern.

IM FLUSS MIT YIN YOGA

Die Methode hat lange asiatische Tradition und stellt im Unterschied zu dynamischen Yogastilen eine ruhige, meditative Achtsamkeitspraxis dar. Alle Haltungen pflegen das Fasziengewebe und können dabei helfen, stressbedingte Spannungen abzubauen. Auch die Verdauung kann positiv beeinflusst werden. Regelmäßiges Üben harmonisiert die körpereigene Energie. Sie lernen, im Alltag frühzeitig Ihre Grenzen wahrzunehmen und auch zu akzeptieren. Yin-Yoga-Kurse bieten Yogazentren, aber inzwischen auch immer mehr Fitnessstudios, Rücken- und Volkshochschulen oder Physiotherapiepraxen an.

Die Stellung des Kindes

Diese tief entspannende Position kann am Ende eines stressigen Tages beruhigen: Aus dem Fersensitz nach vorne beugen und mit seitlich ruhenden Armen die Stirn auf dem Boden ablegen. Bleiben Sie so lange in der Haltung, wie es Ihnen guttut. Dann langsam aufrollen.

Gut verdaut mit dem Frosch

Für den Frosch aus der Stellung des Kindes heraus die Knie möglichst weit öffnen. Bleiben Sie dabei auf den Fersen sitzen. Die Arme gleiten nach vorne. Der Kopf kann auf den angewinkelten Unterarmen oder einem Kissen ruhen, der Nacken ist lang und entspannt. Dehnen Sie sich langsam und mit Bedacht räkelnd in diese Position hinein. Beobachten Sie, welche Körperräume Ihr Atem erreicht. Wo das Dehnen Sie belebt und Energie schenkt. Einige Atemzüge haltend, entspannt der Frosch den unteren Rücken und kann die Verdauung unterstützen.

POWER-SÄULE 2:
BEWEGT DURCHS LEBEN

Mehr als die Hälfte der Deutschen bewegt sich kaum oder gar nicht, teilt die Deutsche Diabetes Gesellschaft mit. Die Evolution hat sich das anders vorgestellt und uns zum Laufspezialisten gemacht: ausgestattet mit einem aufrechten Gang, mit mehr als 200 Knochen und mehr als 650 Einzelmuskeln. Viele Organe sind auf Bewegungsreize angewiesen. Und unbestritten wird es mit körperlicher Aktivität wesentlich leichter, sein Gewicht zu reduzieren oder auf Wunschniveau zu halten.

DIE WELTGESUNDHEITS-ORGANISATION EMPFIEHLT …

… pro Woche mindestens 2,5 Stunden mäßiges Ausdauertraining und an mindestens zwei Tagen in der Woche ein gezieltes Muskelaufbautraining.

TIPP

Nehmen Sie sich jeden Tag 10.000 Schritte vor. Das entspricht im Schnitt rund 8 Kilometern Wegstrecke und einem Energieverbrauch von ungefähr 350 Kalorien. Wenn Sie die Skelettmuskulatur als Ihr größtes Stoffwechselorgan im wahren Wortsinne benutzen, können Sie eine Menge Stresshormone reduzieren, den Blutdruck normalisieren und Ihre Vitalität erhöhen.

SPORT ALS MEDIZIN

Die Gleichung ist relativ einfach: Durch körperliche Aktivität bauen Sie Muskulatur auf und Fettreserven ab. Unterm Strich steigt der Grundumsatz, Sie verbrauchen also mit mehr Muskelmasse mehr Kilokalorien. Weitere Benefits: Sie werden ausdauernder. Auch anstrengende Tätigkeiten gehen auf einmal leichter von der Hand. Dass mit Bewegung die körperliche und geistige Leistungsfähigkeit steigt, ist übrigens wissenschaftlich erwiesen. Sport macht einfach in jeder Hinsicht glücklich. Ärger, Frust und Wut fallen von einem ab. Nervende Kollegen? Egal.

GEWICHTIGE GRÜNDE

Mit deutlichem Übergewicht kann sich die Lebenserwartung verringern, im Alter von zum Beispiel 40 Jahren um durchschnittlich 3 bis 6 Jahre. Eine schwere Adipositas kann sogar bis zu 20 Lebensjahre kosten. Durch eine Reduzierung des Körpergewichts lässt sich oft das Risiko für die häufig mit Fettleibigkeit einhergehenden Erkrankungen und Komplikationen verringern.

POWER-SÄULE 3:
EINE MÜTZE SCHLAF

Einer Kuh reichen 3 bis 4 Stunden. Einem Elefanten mitunter schon 2. Fledermäuse nehmen sich 20 Stunden Zeit, um zu schlafen. Wir Menschen liegen irgendwo dazwischen – mit einer optimalen Schlafdauer zwischen 7 und 8 Stunden. Deutlich weniger oder mehr sollte es nicht sein: Sowohl wer weniger als 6 Stunden schläft als auch jene, die länger als 8 Stunden schlummern, neigen zu Übergewicht. Nicht zuletzt profitieren unsere Abwehrkräfte enorm, wenn wir nicht nur gut ein-, sondern vor allem durchschlafen.

WER HAT AN DER UHR GEDREHT?

Schlafmangel bringt das Hormonsystem und den Stoffwechsel gehörig durcheinander. Aktuelle Studien belegen, dass Veränderungen im Schlafrhythmus – sowohl quantitativ als auch qualitativ – mit einem deutlich erhöhten Risiko für Adipositas und auch Diabetes einhergehen. Wer seine innere Uhr missachtet und zu wenig schläft, setzt aber nicht nur Speck an. Im Job kämpft man tagsüber mit Konzentrationsstörungen, in der Regel spätestens nach zwei schlaflosen Nächten. Je mehr Gedächtnisleistung Sie im Alltag erbringen müssen, desto größer ist Ihr Schlafbedürfnis. Solange wir ruhen, verarbeitet das Gehirn dann alles, was wir am Tag erfahren oder gelernt haben. Ohne Schlaf würde vieles davon rasch wieder vergessen und das Gehirn schneller altern.

RITUALE FÜR EINE ERHOLSAME NACHT

Förderlich für einen stabilen Schlaf-Wach-Rhythmus sind persönliche Rituale. Das kann ein Abendspaziergang sein oder der Notizblock auf dem Nachttisch, in den Sie die schönsten Momente des Tages eintragen. Oder Sie lassen im Geist den Tag noch einmal in umgekehrter Reihenfolge Revue passieren – wie einen rückwärts laufenden Film.

SCHLAFSTÖRUNGEN ABKLÄREN LASSEN

Mehr als 80 verschiedene Formen von Schlafstörungen gibt es. Das sprichwörtliche Gefühl, wie gerädert zu sein oder kein Auge zugemacht zu haben, verdeutlicht, dass diese Probleme keine Nebensache sind. Menschen mit subjektiv gestörtem Schlaf und tatsächlich verkürzter Schlafdauer haben zum Beispiel ein erhöhtes Diabetesrisiko. Lassen Sie Schlafprobleme daher immer abklären, wenn diese regelmäßig Ihre Nacht zum Tag machen.

POWER-SÄULE 4: NÄHRSTOFFDUSCHE MARSCH!

Stopp! Bevor Sie weiterlesen, schließen Sie zunächst die Augen und lassen Sie innerlich ein Bild entstehen: Wie sehen Sie aus, und wie wollen Sie aussehen? Was genau macht Ihre Wohlfühlfigur aus? Sollte der Blick in den Spiegel nicht Ihrem angestrebten Wunschbild entsprechen, muss Letzteres dennoch nicht unerreichbar bleiben. Dass dabei eine Kombination aller vier Power-Säulen ausschlaggebend ist, zeigt folgende Tatsache: Für knapp ein Viertel aller Deutschen (23 Prozent) ist Essen die Antwort auf Stress und Frust (Power-Säule 1). Der Chef ist unzufrieden, private Sorgen und Zeitnot drücken uns und deswegen sind wir unausgeschlafen oder einfach nur erschöpft (Power-Säule 3). Jetzt noch zum Sport ... (Power-Säule 2) In diesem Zustand niemals! Ein tröstendes Schmankerl muss her. Und schon zeigen wir uns sehr empfänglich für Fast Food beim Bäcker, im Supermarkt oder am Bahnsteig. Mal ehrlich, wer hat nach Feierabend schon die Kraft, all diesen scheinbar beruhigenden Leckereien zu widerstehen?

20 PROZENT ...

... der Deutschen essen durchschnittlich jeden Tag Süßigkeiten oder Salzgebäck. Jeder 10. räumt ein, dass bei ihm hin und wieder eine Tüte Chips das Abendbrot ersetzt.

PERFEKT: HOHE VITALSTOFFDICHTE, NIEDRIGE ENERGIEDICHTE

Hier kommt Power-Säule 4 ins Spiel. Denn mit erhöhtem Zucker-, Fett- und auch Salzkonsum bei zugleich ungenügender Vitalstoffaufnahme ziehen Sie in jedem Fall die Rote Karte. Vor allem im Hinblick auf das wachsende Bauchfett (Seite 21). Die bewusste Versorgung mit Nähr- beziehungsweise Vitalstoffen ist wesentlich für eine gesunde Ernährung – beim Intervallfasten kombiniert mit dem optimalen Zeitpunkt für die Nahrungsaufnahme. Wählen Sie bevorzugt natürliche Lebensmittel, die eine hohe Vitalstoff-, aber eine niedrige Energiedichte haben. Beispiel: Grüne Gemüse wie Brokkoli punkten mit vielen Vitalstoffen und wenig Kalorien. Bei Brokkoli sind es zum Beispiel pro 100 Gramm 34 Kalorien im rohen und nur 22 im gekochten Zustand. Dafür versorgt uns der gesunde Kohl mit beachtlichen Mengen an Vitamin C, Betakarotin, Folsäure, Kalzium und Magnesium. Essen Sie aber beispielsweise 100 Gramm Kartoffelchips, sind Ihnen mehr als 500 Kilokalorien sicher. Sie liefern viel Energie, aber eine nur geringe Vitalstoffdichte. Intensive Berg- und Talbahn-Fahrten des Blutzucker- und Insulinspiegels sind garantiert – und damit auch der Heißhunger!

PFLANZLICHES VOR TIERISCHEM

Pflanzenkost frisch auf den Tisch, lautet die Lösung. Obst und Gemüse haben von Natur aus eine sehr hohe Vitalstoffdichte und sind reich an Vitaminen, Mineralstoffen sowie sekundären Pflanzenstoffen. Zu Letzteren zählen auch die Flavonoide, die etwa in Grünkohl, Zwiebeln oder Auberginen stecken und für die ein immunstimulierender Effekt nachgewiesen werden konnte. Gleiches gilt für Karotinoide. Viele sind eine Vorstufe von Vitamin A, die im Körper in die biologisch wirksame Form des Vitamins umgewandelt wird. Sie finden sich neben Brokkoli auch in Spinat, Paprika, Feldsalat oder Wirsing. Pflanzenkost fördert außerdem mit vielen Ballaststoffen die gesunde Verdauung. 30 Gramm Ballaststoffe sollten täglich in Ihren Lebensmitteln stecken.

Wohltuend für den Darm sind ebenso milchsauer eingelegte oder vergorene Lebensmittel wie das klassische Sauerkraut, außerdem Miso oder Tempeh. Zu den basischen Früchten mit einem sehr hohen Gehalt an sekundären Pflanzenstoffen zählen rote Trauben und Zwetschgen. Entzündungshemmende Eigenschaften entfalten auch Himbeeren, Brombeeren, Erdbeeren, Heidelbeeren oder Schwarze Johannisbeeren – bitte fleißig naschen! Tierische Produkte aus industrieller Herstellung enthalten dagegen oft ein Übermaß an Arachidonsäure (vor allem in Schweinefleisch enthalten). Diese kann in den Körperzellen entzündungsfördernde Prozesse anschieben. Empfehlenswert ist daher, beim Fleischkonsum – ebenso bei Fisch – auf nachhaltige Bioqualität zu achten (Seite 54).

MIT GEWÜRZEN DEN STOFFWECHSEL ANHEIZEN

Wählen Sie bei der Zubereitung Ihrer – im Idealfall – Biolebensmittel statt Salz öfter kräftige Gewürze wie Kurkuma oder Chiliflocken. Damit ist nicht nur ein besonderes Geschmackserlebnis garantiert. Solche Gewürze können auch den Kalorienverbrauch erhöhen, da sie mit ihren Scharfstoffen den Stoffwechsel anregen können. Uns quasi buchstäblich einheizen. Zudem haben sie immunstärkende Eigenschaften. Clevere Kombinationen vital- und nährstoffreicher Lebensmittel sowie Anregungen für den kreativen Einsatz von Kräutern, Gewürzen, Nüssen und anderem Superfood finden Sie ab Seite 64 in unserem Rezeptteil.

HADDE DUDDE MÖHRCHEN DA?

Der Star unter den Basengemüsen: die Möhre mit ihrem Betakarotin (Provitamin A), das auch cholesterinsenkende Wirkung entfalten kann. Idealerweise garen Sie die Möhren häufiger, statt sie roh zu knabbern. Aufgrund der harten Zellwände im Rohzustand kann das wertvolle Betakarotin nur begrenzt aufgenommen werden. Durch Kochen oder Zerkleinern brechen die Zellmembranen auf und der Wirkstoff ist besser bioverfügbar. Auch durch etwas Öl, Butter oder Sahne zum Möhrchen-Vergnügen kann das fettlösliche Vitamin besser aufgenommen werden. Satt essen erlaubt!

MAKRO- UND MIKRONÄHR-STOFFE

In den Essensphasen ist grundsätzlich alles erlaubt, was schmeckt. Wer vor allem natürliche, nährstoffreiche Lebensmittel mit starken Antioxidantien aus Superfood, Kräutern und Gewürzen kombiniert, pusht die Effekte des Intervallfastens zusätzlich.

Zwei, die sich brauchen: Die bekannten Energielieferanten – Eiweiße/Proteine, Kohlenhydrate und Fett – werden auch als Grund- oder Makronährstoffe bezeichnet. Fehlt uns Energie – klar, bekommen wir Hunger. Mikronährstoffe sind anders als die Makros keine Energielieferanten. Doch ohne die Mikros läuft kaum etwas im Organismus. Sie sind zum Beispiel unentbehrlich, um Makros überhaupt verwerten zu können. Auch für das Immunsystem spielen sie eine große Rolle. Möchten Sie Pfunde verlieren und beim Intervallfasten Kalorien einsparen, sollten Sie dementsprechend auf eine gute Nährstoffzusammensetzung achten – nach dem Motto: Qualität vor Quantität. Und das kann nicht nur Zivilisationskrankheiten vorbeugen. Wissenschaftler um den Epidemiologen Andrew Mente vom Population Health Research Institute der kanadischen McMaster University schreiben der richtigen Ernährung auch lebensverlängernde Effekte zu (PURE-Studie).

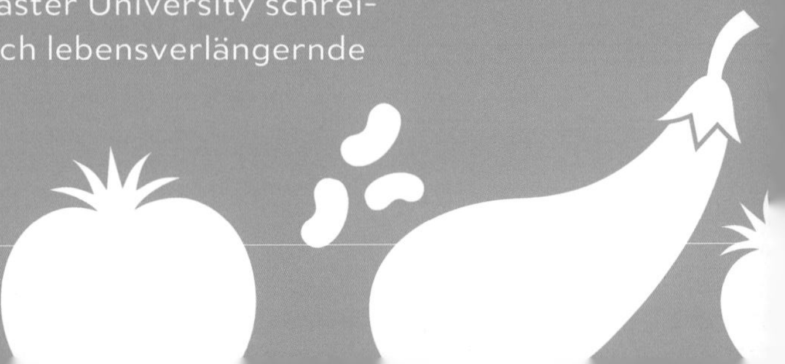

ZWEI, DIE SICH BRAUCHEN

BAUSTOFF
EIWEISS

Eiweiß ist der Grundstoff allen Lebens und Basismaterial für Muskeln, Knochen und Nerven. Einzelne Eiweißbausteine bestehen aus Aminosäuren, die sich in jeder Körperzelle befinden. Von den insgesamt 20 proteinbildenden Aminosäuren sind 8 essenziell. Das heißt, der Körper kann sie nicht selbst herstellen, und wir müssen uns über die Nahrung mit ihnen versorgen. Ohne sie läuft buchstäblich kein Auf- oder Umbau unserer Zellen. Die Regeneration verlangsamt sich, unter anderem sinken Leistungskraft und Muskelfunktion.

MIT HOCHWERTIGEM **PROTEIN VERSORGT**

Tierisches Eiweiß kann besser vom menschlichen Organismus aufgenommen werden als pflanzliches. Sprechen wir von Fleisch, sollten Sie am besten auf arachidonsäurearmes Biofleisch vom Bauern in der Region achten. Etwa von Rindern, die auf der Weide aufwachsen, sich tagsüber an frischer Luft bewegen können und hauptsächlich Gras fressen. Bei Fisch werden seitens der Deutschen Gesellschaft für Ernährung e.V. (DGE) 1 bis 2 Portionen wöchentlich empfohlen. Achten Sie auf eine nachhaltige Herkunft. Beim Fisch-Einkauf erkennbar an den verschiedenen Gütesiegeln und Labeln, darunter etwa das asc- oder das MSC-Siegel. Es gibt alternativ auch eine Fülle hochwertiger „grüner“ Eiweißquellen. Wer diese clever kombiniert, kann auch so seinen Bedarf gut decken. Und alles in allem dürfen Sie kreativ werden, probieren Sie zum Beispiel unser Hähnchenbrustfilet mit Kürbiskernkruste und Apfel-Sellerie-Püree auf Seite 121.

DIE DEUTSCHE GESELLSCHAFT FÜR ERNÄHRUNG E.V. ...

... gibt für Erwachsene einen Tagesbedarf von 0,8 Gramm Eiweiß pro Kilogramm Körpergewicht vor, bei Senioren 1,0 Gramm. Empfehlungen der internationalen PROT-AGE Study Group sehen für gesunde Erwachsene ab 65 Jahren mindestens 1,0 bis 1,2 Gramm vor. Bei chronischen Erkrankungen sowie bei aktiven Sportlern kann der individuelle Bedarf höher liegen..

KRAFTPAKET **EI**

Auch Eier gehören zu den sehr guten Proteinquellen, die noch dazu leicht verdaulich sind. Nicht nur das: Im Ei stecken sämtliche essenziellen Aminosäuren. Ebenso natürliche Karotinoide, die etwa dem Sehvermögen zugutekommen. Die Vitamine B_{12}, D und E sind weitere Vitalstoffe im Ei. Wie auch Cholin, ein wichtiger Stoff für die Zellkommunikation. Oder das reichlich enthaltene Lecithin, das bei der Fettverdauung hilft. Zudem schützt es die Leber und Dickdarmschleimhaut, verbessert die Konzentrations- und Merkfähigkeit, stärkt die Nerven und hilft bei Stressbelastungen. L-Cystein im Ei sorgt für schöne Haut, Haare und Nägel.

Eier sind Kraftpakete. Dennoch gelten sie oft als Übeltäter. Stichwort: Cholesterin. Die Schubladen Gut und Böse betrachten hier aber wie so oft auch das Ei zu wenig differenziert. Nicht zuletzt, weil es etliche Untergruppen von HDL- und LDL-Cholesterin gibt, die keine normale Laboruntersuchung ausweist. Die wäre für eine saubere Blutanalyse jedoch wichtig zu betrachten.

Halten wir fest: Ja, ein normales handelsübliches Ei (bitte auf Bioqualität und Eier von frei laufenden Hühnern achten) kommt auf circa 240 Milligramm Cholesterin. Aber nein, Cholesterin ist mitnichten per se schlecht. Es hilft sogar bei der Herstellung verschiedener Hormone, ist unverzichtbarer Bestandteil der Zellwände und Vorläufer von Gallensäuren für die Fettverdauung. Auch für Vitamin D, das für den Aufbau starker Knochen sorgt, ist das Cholesterin eine bedeutsame Vorstufe.

TIPP

Nur Eigelb enthält Cholesterin, Eiweiß ist cholesterinfrei. Und nur ein Zuviel an Cholesterin kann die Gesundheit gefährden. Dazu kommt es in der Regel durch den Genuss übermäßig vieler Kohlenhydrate(!). Überrascht? Der Körper baut das Zuviel an Kohlenhydraten zu LDL-Cholesterin-Partikeln um, die ihrerseits die Gefäße schädigen können. Demgegenüber spielt Cholesterin aus der Nahrung kaum eine Rolle bei Herz-Kreislauf-Erkrankungen, wie die Ergebnisse zweier großer Langzeitstudien der Harvard University mit 37.851 Männern und 80.000 Frauen zeigten. Demnach erhöhten Eier das Risiko für Herzleiden nicht – egal, ob ein Ei pro Woche oder ein Ei pro Tag gegessen wurde.

GRÜNE EIWEISSQUELLEN

Bohnen (z. B. schwarze, weiße, Kidneybohnen)

Kichererbsen und Linsen

Tofu und Tempeh

Hafer und Haferflocken

Kartoffeln, Reis und Quinoa

Hirse und Roggen

Brokkoli und Pilze

Nüsse (z. B. Erdnüsse, Paranüsse)

ENERGIEQUELLE
KOHLENHYDRATE

Bei der Frage nach viel oder wenig Kohlenhydraten gemäß Low-Carb-Prinzip scheiden sich die Geister. Offensichtlich ist die Zusammensetzung einzelner Kohlenhydrate wichtiger als die Konsummenge insgesamt. Denn unabhängig davon, welcher Kohlenhydratquellen wir uns bedienen, in jedem Fall steigt der Blutzuckerspiegel – allerdings unterschiedlich stark, und der glykämische Index variiert.

DER SÜSSE **START INS LEBEN**

Dass Süßes mit hohem glykämischen Index oft zum Fallstrick wird, ist uns leider schon in die Wiege gelegt. Muttermilch schmeckt leicht süßlich, und diese Eigenschaft begegnet uns ein Leben lang in anderen Nahrungsmitteln wieder. Doch ganz gleich, ob wir von Zucker im klassischen Sinne oder Stärke sprechen: Industriell verarbeitete Kohlenhydrate wie Weißmehlprodukte, polierter Reis, Softdrinks, Süßigkeiten oder Pommes treiben den Blutzuckerspiegel nach dem Essen schnell in die Höhe, um ihn kurz darauf wieder talwärts rauschen zu lassen. Heißhungerattacken sind – mit allen Konsequenzen – vorprogrammiert.

DER GEMÜSEKOMPLEX

Kohlenhydratreiche Lebensmittel, die wenig oder gar nicht verarbeitet sind und so auch noch ausreichend Vital- und Ballaststoffe an Bord haben, verursachen keine unerwünschten Blutzuckerspitzen. Die sogenannten komplexen Kohlenhydrate weisen einen niedrigen glykämischen Index auf, sättigen gut und stellen damit eine optimale Energienahrung dar. Hier punkten Sie etwa mit Gemüse, Salaten, Kartoffeln oder Süßkartoffeln, aber auch Hülsenfrüchte liefern vollwertige Kohlenhydrate.

SATTE **KÖRNER**

Bei Getreide sollten Sie ebenfalls traditionelle Sorten den hochmodernen Züchtungen vorziehen. Letztere könnten für entzündliche Prozesse mitverantwortlich sein. Das gilt auch für Fertigprodukte, in denen Weißmehl steckt, darunter abgepackte Wurstwaren bis hin zum Fertigspinat. Gute Alternativen zu diesen sprichwörtlich leeren Kalorien sind zum Beispiel Hirse oder Pseudogetreide wie Buchweizen, Amaranth oder Quinoa.

DIE DEUTSCHE GESELLSCHAFT FÜR ERNÄHRUNG E.V. ...

... empfiehlt eine vollwertige Mischkost mit mehr als 50 Prozent der Energiezufuhr in Form von Kohlenhydraten. Zu berücksichtigen bleibt aber in jedem Fall der individuelle Energiebedarf.

FIT
MIT FETT

Ist es nun gut oder böse – das Fett? Kaum ein Nahrungsbestandteil steht so in der Diskussion. Dabei sprechen sich viele immer noch für eine fettarme Ernährung aus, weil Fett fett mache und dem Herzen schade. Seit den 1960er-Jahren wurde und wird es regelrecht verteufelt. Und obwohl infolgedessen immer weniger Fett auf unseren Tellern landete, ist die Anzahl übergewichtiger und adipöser Menschen stetig angestiegen. Insbesondere seit den 1980er-Jahren hat sie sich mindestens verdreifacht (!). Auch eine fettarme, fettreduzierte oder Halbfett-Ernährung hat diese Entwicklung offensichtlich nicht verhindern können.

BESSER ALS SEIN RUF

Freilich. Fett ist mit 9 Kalorien pro Gramm tatsächlich nicht das Leichtgewicht unter den Makronährstoffen. Aber ganz ohne gesundes Fett geht es auch nicht. Fett ist als elementarer Baustein jeder Körperzelle eine lebenswichtige Energiequelle und als Bestandteil der Hormon- und Botenstoffe unverzichtbar. Auch unsere Abwehrkräfte funktionieren nur mit den richtigen Fettsäuren. Und: Gesundes Fett macht tatsächlich schlank, denn es kann den Stoffwechsel ankurbeln und vor entzündlichen Erkrankungen schützen. Die Konzentrationsfähigkeit steigt und das Allerbeste: unsere Stimmung ebenfalls. Erkenntnisse, auf die 2017 die Deutsche Gesellschaft für Ernährung e.V. reagiert hat. Wie bei der US-amerikanischen Fachgesellschaft bereits seit Längerem gibt es nun auch bei uns keine Begrenzung mehr für den Anteil von Fett in der Nahrung. Die alte Empfehlung von 60 bis 80 Gramm Fett pro Tag wurde ersatzlos gestrichen. Ebenso die Warnung vor einem erhöhten Risiko für Übergewicht durch Fett beziehungsweise für Herz-Kreislauf-Erkrankungen durch gesättigte Fettsäuren sowie vor versteckten Fetten, etwa in Milchprodukten.

GUTE QUELLEN FÜR OMEGA-3

Gehärtete Fette sind nichtsdestotrotz als besonders schädlich für die Gefäße bekannt und können das Risiko für Herz-Kreislauf-Erkrankungen erhöhen. Beispiele für eine gute Verwendung von Fetten sind dagegen Omega-3-reiches Lein-, Hanfnuss-, Walnuss- oder Rapsöl. Rund zweimal pro Woche Fisch nachhaltiger Herkunft sowie Milchprodukte und Fleisch in Bioqualität von Weidetieren. Aufgrund ihres vergleichsweise hohen Omega-6-Gehalts sollten Distel-, Maiskeim- oder Sonnenblumenöl sowie Sojaöl eher gemieden werden. Unterm Strich ist das Verhältnis der Fettsäuren zueinander entscheidend für entzündungshemmende Effekte, für mehr Abwehrkraft und Vitalität durch verbesserte Fließeigenschaften des Blutes.

12 WICHTIGE
POWER-MIKRONÄHRSTOFFE

Wer beim Intervallfasten auch Kalorien reduzieren möchte, sollte dennoch immer auf die ausreichende Zufuhr wichtiger Vitalstoffe für die verschiedenen Stoffwechselfunktionen und für den Erhalt der Gesundheit achten. Einige davon stellen wir hier vor.

VITALSTOFF	FUNKTION	VORKOMMEN (AUSWAHL)
VITAMIN A **BETAKAROTIN (PROVITAMIN A)**	Als Augen-Vitamin bekannt. Ist zudem (etwa bei Kinderwunsch) für die Spermienbildung/-qualität, ebenso für die Eizell-, Plazenta- und Embryonalentwicklung wichtig. Spielt eine Rolle bei der Zell- und Gewebedifferenzierung sowie für ein starkes Immunsystem	**Vitamin A:** Leber, Eigelb, Butter, Fisch, Käse, Joghurt und Milch **Betakarotin:** Feldsalat, Möhren, Kürbis, Grünkohl, Brokkoli, Spinat, Süßkartoffeln
VITAMIN B_{12}	Beugt Müdigkeit und Erschöpfung vor. Ist an der Blutbildung und verschiedenen Stoffwechselprozessen beteiligt. Bei Stress erhöhter Verbrauch von B-Vitaminen	Fleisch und Innereien, Fisch, Muscheln und Meeresfrüchte, Milchprodukte, Eier, Chlorella-Algen
VITAMIN C	Stärkt die Körperabwehr. Wird beim Aufbau von Kollagen- und Bindegewebe benötigt, für Knochen und Zähne, als wichtiges Antioxidans. Unverzichtbar für unzählige Stoffwechselabläufe. Rauchen und Stress können den Bedarf erhöhen	Paprika, Zitrusfrüchte, grüner Tee, Schwarze Johannisbeeren, Acerolakirschen, Sanddorn, Tomaten, Brokkoli, Blumenkohl, Rosenkohl, Grünkohl, Spinat
VITAMIN D	Kalzium- und Phosphatstoffwechsel, starke Knochen, Körperabwehr, Elastizität der Blutgefäße. Studien ergaben, dass eine schlechte Versorgung das Diabetesrisiko erhöht. Andere Untersuchungen zeigten niedrige Spiegel bei ausgeprägter Depression	**wichtigste Quelle:** Sonnenlicht **Ernährung:** fettreicher Fisch, Butter, Käse (mindestens 45 Prozent), Eier, Shiitake-Pilze
VITAMIN E	Starkes Antioxidans/ Schutz gegen freie Radikale, Körperabwehr und Wundheilung, ist Bestandteil aller Zellwände, kann vorzeitiger Hautalterung entgegenwirken	Pflanzenöle, Margarine, Avocados, Nüsse und Saaten, Weizenkeime und Weizenkeimöl

SELEN	Stärkt als wichtiges Antioxidans die Abwehrkräfte und kann körpereigene Entgiftungsprozesse unterstützen. Wichtig für die Schilddrüse und als Baustein verschiedener Eiweiße	Schweineniere, Kotelett, Rinderfilet, Fisch, Käse, Eier, Reis, Getreide, Hülsenfrüchte, Kartoffeln, Kohlgemüse, Nüsse
ZINK	Unterstützt die Funktion zahlreicher Enzyme, Antioxidans, Körperabwehr und Wundheilung, Verdauung, zelluläre Regeneration, Gedächtnisleistung, Haut, Haare und Nägel	Austern, Kalbsleber, Rinderfilet, Milch, Käse, Eier, Linsen, weiße Bohnen, Erbsen, Brokkoli, Haferflocken, Weizenkeime, Roggenvollkorn
MAGNESIUM	Energiestoffwechsel der Körperzellen, Eiweißproduktion, spielt eine Rolle bei der Reizübertragung von Nerven auf Muskeln. Studien zufolge relevant bei der Vorsorge koronarer Herzkrankheiten und von Diabetes. Erhöhter Bedarf bei Stress, großer Hitze, intensivem Sport	Vollkorngetreide, Weizenkleie, Naturreis, Hülsenfrüchte, Nüsse, Haferflocken, Spinat, Brokkoli, Weiß- und Grünkohl, Milch, Kakao, Kartoffeln, Beerenfrüchte, Bananen
KALZIUM	Wichtig für Knochengewebe und Zähne. Blutgerinnung, Reizübertragung in Nervenzellen, stabilisiert die Körperzellmembranen, entzündungshemmende Eigenschaften	Käse, Joghurt, Milch, Mohn, Blattspinat, Grünkohl, Brokkoli, Porree, Rucola, Hülsenfrüchte, Haferflocken, Ölsardinen, Para- und Haselnüsse, Weizenkeime
EISEN	Bestandteil des roten Blutfarbstoffs Hämoglobin, Sauerstofftransport zu den Geweben, Energiegewinnung, DNA-Synthese, unterstützt die Immunfunktionen	Roggenvollkorn, Hirse, Quinoa, Amarant, Lammkeule, Rinder- und Schweinefilet, Wild, Kichererbsen, Petersilie, Leinsamen, Weizenkleie **Hinweis:** Die Zufuhr von Eisen aus pflanzlicher Kost wird durch die Aufnahme von Vitamin C verbessert
OMEGA-3-FETTSÄUREN	Die wichtigsten Vertreter Eicosapentaensäure (EPA) und Docosahexaensäure (DHA) können antithrombotische, antivirale, gefäßerweiternde sowie entzündungshemmende Effekte entfalten. Physische und psychische Vitalität, unterstützen normale Immunfunktionen	Lein-, Raps-, Walnuss- und Hanfnussöl, Chiasamen, fetter Seefisch, grünes Blattgemüse, Rucola, Bohnen, Avocado, Leinsamen, Walnüsse
COENZYM Q10	Energiegewinnung in allen Körperzellen, Antioxidans, Hautstoffwechsel. Mit zunehmenden Lebensjahren nimmt die Konzentration in verschiedenen Körpergeweben deutlich ab	Fleisch und Geflügel, Fisch, Eier, Butter, Oliven-, Weizenkeim-, Sesam- und Sojaöl, Hülsenfrüchte, Nüsse

KAPITEL 7

TIPPS FÜR DIE FASTENTAGE VON A BIS Z

AUF ALKOHOL VERZICHTEN

1 Gramm Alkohol liefert mit 7,1 Kalorien fast doppelt so viel Energie wie Proteine oder Kohlenhydrate und ist damit ein sicherer Dickmacher. Bitte in Maßen, nicht in Massen.

AUFHÖREN BEI SÄTTIGUNG

Nach dem ersten Teller überlegen wir oft, ob wir uns nicht noch einen Nachschlag gönnen sollten. Machen Sie diesen Moment zu einer bewussten Essenspause von gut 15 Minuten. In der Regel werden Sie feststellen, dass Sie tatsächlich satt sind.

BESSER MEIDEN

Industriezucker und Süßwaren, Weißmehlprodukte, Fertiggerichte und Ähnliches. Ebenso Limonaden und andere gezuckerte Getränke: Schon rund ein Drittelliter davon täglich kann Studien zufolge mit einer deutlichen Gewichtszunahme einhergehen.

MEIN SOS-POWER-SNACK: WALNUSS, DIE KÖNIGIN DER NÜSSE

Keine andere Nuss verfügt über einen annähernd so hohen Omega-3-Gehalt, und diese Fettsäuren sind wahre Alleskönner: Sie können die Gedächtnisleistung unterstützen, die Körperabwehr stärken und uns physisch wie psychisch neue Vitalität verleihen. Auch der Eiweißgehalt kann sich sehen lassen. Vor allem die Aminosäure Arginin macht eine Handvoll Walnüsse täglich (entspricht circa 200 Kalorien) zum Power-Snack.

TIPP

Wer nachhaltig genießen will, setzt auf Bionüsse. Ökobauern verzichten unter anderem auf den Einsatz synthetischer Pestizide.

FRÜHE ESSENSZEITEN

Späte Mahlzeiten können durch die verminderte Verdauungsleistung am Abend und in der Nacht Fäulnis- und Gärungsprozesse provozieren. Langfristig ist eine Schädigung des Darms möglich. Bevorzugen Sie frühe Essenszeiten und wählen Sie abends kleinere Portionen und leicht verdauliche Kost.

DIE 20-MINUTEN-REGEL

Termin nach Termin. Meeting auf Meeting. Viele Berufstätige essen irgendwie nebenbei, weil die Zeit gefühlt rast. Verschiedene Studien haben den Zusammenhang von Essgeschwindigkeit und Übergewicht betrachtet. In einer Untersuchung der Osaka University zeigte sich, dass hastige Vielesser in rund 50 Prozent eher übergewichtig waren als die Langsamgenießer. Mit dem erhöhten Risiko für Übergewicht steigt auch die Wahrscheinlichkeit, an Diabetes Typ 2 zu erkranken. Ganz zu schweigen von dem unangenehmen Völlegefühl nach der Schlingerei. Oder auch dem Sodbrennen. Vor allem können wir natürliche Sättigungssignale viel besser wahrnehmen, wenn wir jede Mahlzeit achtsam und in Ruhe essen. Reservieren Sie sich Ihre ganz persönlichen 20 Minuten dafür.

MIT ALLEN SINNEN GENIESSEN

Eine angenehme Atmosphäre beim Essen kann die Verdauungskraft sehr positiv beeinflussen. Entspannende Begleitmusik etwa entführt uns rasch aus dem oft stressigen Alltag.

PIKANT WÜRZEN

Wer hat das noch nicht erlebt: Vor allem scharfe Gewürze und Speisen bringen uns mitunter gehörig ins Schwitzen. Ursächlich ist der starke thermische Effekt pikanter Vertreter wie Pfeffer, Chili, Curry, Zimt, Nelken oder Knoblauch. Der Energieumsatz und damit Kalorienverbrauch wird buchstäblich angeheizt.

UNWOHLSEIN ABKLÄREN

Wenn Sie alleine nicht mit dem Intervallfasten zurechtkommen oder gar Probleme wie Unwohlsein auftauchen, suchen Sie sich bitte professionelle Unterstützung.

TRINKEN VOR DEM ESSEN

Etwa eine halbe Stunde vor dem Essen Wasser trinken kann ein früher eintretendes Sättigungsgefühl unterstützen. Bei der Mahlzeit selbst besser aufs Trinken verzichten. Denn auf diese Weise verdünnen Sie Ihre Verdauungssäfte und nehmen ihnen so die Power.

VOLLSTOPFEN? NEIN DANKE!

In der gewählten Essensphase sollte die individuell erforderliche Kalorienmenge nicht überschritten werden. Das heißt, versuchen Sie bitte nicht, nachzufuttern oder vorzu(fr)essen.

WARM ESSEN

Warme oder heiße Nahrungsmittel können oft besser vom Organismus verarbeitet werden und deswegen auch die Gewichtsreduktion häufig wirkungsvoller unterstützen als Kaltes!

WICHTIG IN DER FASTENPHASE

Ausreichend Flüssigkeit (laut ÄGHE mindestens 2,5 Liter pro Tag) ist unverzichtbar. Trinken Sie also reichlich Wasser (am besten Heilwässer und ungesüßte Tees). Auch mal eine fettfreie Gemüsebrühe oder schwarzer Kaffee ohne Milch und Zucker sind erlaubt.

MEIN EINKAUFSZETTEL

… hier eine Auswahl für Ihren Fang Vitalstoffreichtum in Form von frischen, ökologisch erzeugten und möglichst naturbelassenen Produkten. Verarbeitete, raffinierte und denaturierte Nahrungsmittel – sprich Fertiggerichte, Fast Food, gehärtete Fette, Zucker- und Weißmehlprodukte – sollten Sie dagegen von Ihrer Liste streichen.

KOHLENHYDRAT-STARS

- Amarant
- Buchweizen
- Dinkelgrieß
- Haferflocken
- Hirse
- Hülsenfrüchte
- Naturreis
- Pumpernickel
- Quinoa
- Roggenvollkornbrot

PROTEIN-STARS

- Bergkäse
- Biobutter
- Bohnen und Kichererbsen
- Camembert
- Dickmilch, Kefir, Magerquark und Naturjoghurt in Bioqualität
- Eier
- Emmentaler
- Feta
- Gouda
- Parmesan
- Tofu und Tempeh

FLEISCH-FAVORITEN

(grundsätzlich Biofleisch)

- Hähnchenbrustfilet
- Putenbrustfilet

FISCH-FAVORITEN

(grundsätzlich nachhaltiger Herkunft)

- Forelle
- Garnelen
- Hering
- Makrele
- Ölsardinen
- Seelachs
- Zanderfilet

GEMÜSE-FAVORITEN

- Avocado
- Fenchel
- Kartoffeln und Süßkartoffeln
- Kohlgemüse wie Brokkoli und Grünkohl
- Lauchgemüse
- Möhren mit Grün
- Radicchio
- Rote Bete
- Rucola
- Spinat
- Wurzelgemüse wie Pastinaken und Zwiebeln
- Zucchini

OBST-FAVORITEN

Ananas
Äpfel
Bananen
Beerenfrüchte
Birnen
Datteln
Orangen

KRÄUTER UND GEWÜRZE

Basilikum
Chiliflocken
Kardamom
Kümmel
Kurkuma
Meersalz
Petersilie
Pfefferminze
Schnittlauch
Zimt

SAATEN, NÜSSE UND KERNE

Cashewkerne
Chiasamen
Hanfsamen (geschrotet)
Kürbiskerne
Leinsamen (geschrotet)
Mandeln
Paranüsse
Pekannüsse
Sonnenblumenkerne
Walnüsse

CLEVERE FETTE

kaltgepresste Öle wie Oliven-, Raps-, Walnuss- und Leinöl in Bioqualität

FETTABBAU MIT GRÜNEM TEE

Grüner Tee verhilft zu einer besseren Fettverbrennung. Eine niederländische Studie kam zu dem Schluss: Teetrinker sind im Vergleich zu Kaffeetrinkern dünner. Was sicherlich auch daran liegt, dass grüner Tee – vor, zu oder nach den Mahlzeiten getrunken – das Sättigungsgefühl erhöhen kann. Bei den Vieltrinkern mit mehr als 6 Tassen Tee pro Tag waren zudem Herzkrankheiten deutlich seltener. Besonders erwähnenswert ist der entzündungshemmende Pflanzenwirkstoff Epigallocatechingallat, kurz EGCG, im grünen Tee. Auch er verfügt über antioxidative Kraft.

SCHOKOTRÄUME

Und noch ein aromatischer Radikalfänger, reich an schützenden Flavonoiden: die dunkle Schokolade mit einem Kakaoanteil von mehr als 70 Prozent. Je höher der Kakaoanteil, desto höher ist auch die antioxidative Power.

REZEPTE
ES DARF GESCHLEMMT WERDEN

AUF DIE PLÄTZE, FERTIG – LOS!

Nährstoffreiche Rezeptideen für Ihre Essensphasen: Muntermacher und Power-Starter zum Frühstück (ab Seite 66), für den Energie-Kick am Mittag - auch praktisch To Go (ab Seite 80), für das Abendessen: nährend & wärmend (ab Seite 104) sowie starke Power-Snacks (ab Seite 124).

10 MINUTEN 2 PERSONEN

DIE MUNTERMACHER – DAILY SMOOTHIES

ZUTATEN

ROTER SMOOTHIE:

- 100 g Rote Bete
- 250 g Himbeeren, tiefgekühlt
- 1 Banane
- 1 Apfel
- 1 TL geriebener Ingwer
- ½ Granatapfel
- 2 TL Chia-Samen
- 300 ml Kokoswasser
- 1 Zitrone

GELBER SMOOTHIE:

- 1 Mango
- 1 Apfel
- 1 Banane
- 1 Orange
- 1 Zitrone
- 1 TL Kurkuma
- 1 TL Hanfsamen
- 300 ml Kokoswasser

GRÜNER SMOOTHIE:

- 1 Avocado
- 1 Handvoll Spinat
- 1 Banane
- 1 Limette
- 1 Birne
- 1 TL Chia-Samen
- 8 Blätter Minze
- 500 ml Mandelmilch
- 2 EL Joghurt

ZUBEREITUNG

1. Für die Smoothies das Gemüse und Obst küchenfertig vorbereiten, waschen, klein schneiden und in einem Hochleistungsmixer alle Zutaten miteinander fein pürieren.

TIPP

Die Flüssigkeit – egal, ob Kokoswasser oder Mandelmilch – kann ganz nach Geschmack variieren. Je nach Süße der Früchte kannst du auch mit Honig oder Agavendicksaft nachhelfen.

10 MINUTEN 4 PERSONEN

KRÄUTER-LASSI
MIT INGWER

ZUTATEN

100 g gemischte Kräuter (wie Basilikum, Minze, Petersilie, Koriander)

1 Bio-Limette

2 cm Ingwer

500 g Naturjoghurt

500 g Dickmilch

Salz

ZUBEREITUNG

1. Die Kräuter waschen, trocken schütteln und die Blätter abzupfen. Ein paar Blätter zum Garnieren beiseitelegen. Die restlichen Kräuter klein hacken. Die Limette heiß waschen und die Schale abreiben. Die Limette halbieren und auspressen. Den Ingwer schälen und fein hacken.

2. In einem Mixer oder mit dem Stabmixer Joghurt, Dickmilch, Kräuter und Ingwer mixen. Mit Limettensaft, -schale und 1 Prise Salz abschmecken. Nochmals mixen.

3. Den Kräuter-Lassi in Gläser füllen und, mit einem Kräuterblatt garniert, servieren.

INFO

Dickmilch wird oft auch Sauer- oder Schwedenmilch genannt. Sie finden Dickmilch im Bioladen oder im Reformhaus.

10 MINUTEN

4 PERSONEN (CA. 1,2 L)

FENCHELDRINK
MIT ANANAS

ZUTATEN

2 Knollen Fenchel

1 Ananas

1 Zitrone

2 Stiele Minze

500 ml Orangensaft

ZUBEREITUNG

1. Den Fenchel putzen, waschen und klein würfeln, das Fenchelgrün fein hacken. Die Ananas schälen, halbieren und den Strunk entfernen. Das Fruchtfleisch klein würfeln. Die Zitrone auspressen. Die Minze waschen, trocken schütteln und die Blättchen abzupfen. Ein paar Minzeblättchen zum Garnieren beiseitelegen.

2. Den Fenchel, die Hälfte des Fenchelgrüns, die Ananas und die Minze mit Orangen- und Zitronensaft in einem Mixer oder mit dem Stabmixer pürieren.

3. Den Ananas-Fenchel-Drink mit dem restlichen Fenchelgrün bestreuen und mit Minzeblättchen servieren.

TIPP

Fenchel reguliert mit seinem hohen Ballaststoffgehalt den Blutzuckerspiegel und sättigt so lang anhaltend. Die gesundheitsfördernden ätherischen Öle regen die Verdauung an.

25 MINUTEN 4 PERSONEN

HIRSECREME
MIT GRANATAPFEL UND ORANGE

ZUTATEN

150 g Hirse

½ Vanilleschote

6 getrocknete Datteln (wahlweise Medjool-Datteln)

1 Granatapfel

1 Orange

500 g Dickmilch

50 g Kürbiskerne

ZUBEREITUNG

1. Die Hirse in einem Sieb unter fließend heißem Wasser waschen und abtropfen lassen. Die Vanilleschote mit einem scharfen Messer aufschlitzen und das Mark herauskratzen.

2. Hirse, Vanillemark und -schote mit 300 ml Wasser in einen Topf geben und aufkochen. Bei niedriger Hitze 7–10 Minuten köcheln lassen, dabei gelegentlich umrühren. Vom Herd nehmen und 5 Minuten ausquellen lassen. Die Vanilleschote wieder entfernen.

3. Die Datteln halbieren, ggf. den Kern entfernen und in feine Streifen schneiden. Den Granatapfel halbieren und die Kerne herauslösen. Die Orange schälen und filetieren.

4. Die Hirse mit der Dickmilch vermischen und auf vier Schüsseln verteilen. Datteln, Granatapfelkerne und Orangenfilets darauflegen und alles, mit Kürbiskernen bestreut, servieren.

INFO

Getrocknete Datteln sorgen hier für natürliche Süße. Hirse ist glutenfrei und eine nahrhafte Alternative zu üblichen Cerealien für Menschen mit Zöliakie.

10 MINUTEN 2 PERSONEN

BIRCHER-PORRIDGE
MIT NÜSSEN UND SAMEN

ZUTATEN

FÜR DAS BIRCHER-PORRIDGE:

100 g kernige Haferflocken
1 EL Leinsamen, geschrotet
1 EL Hanfsamen, geschrotet
30 g Kürbiskerne
40 g Haselnusskerne
je 1 Apfel und Birne
1 Bio-Limette
1 TL Zimtpulver
½ TL Kardamom
1 Prise Muskatnuss
1 Prise Salz
1–2 EL Honig, nach Belieben
300 ml Mandelmilch, ungesüßt

FÜR DAS TOPPING:

Obst und Beeren
Kürbiskerne
Haselnusskerne
Kakao-Nibs

ZUBEREITUNG

1. Die kernigen Haferflocken am Vortag mit Leinsamen, Hanfsamen und Kürbiskernen vermischen. Die Haselnüsse grob hacken und dazugeben.

2. Den Apfel und die Birne grob raspeln und mit dem Abrieb und dem Saft einer Limette marinieren. Die Raspeln zu den Haferflocken geben, mit den Gewürzen verfeinern und mit etwas Honig abschmecken. Zum Schluss mit der Mandelmilch aufgießen und über Nacht im Kühlschrank ziehen lassen.

3. Nach Belieben „on top“ mit frischem Obst und Beeren, Kürbiskernen, Haselnüssen und Kakao-Nibs verfeinern.

TIPP

Ein Klecks Joghurt „on top“ macht das Porridge noch cremiger. Wer mag, kann noch eine Handvoll Cranberrys oder Goji-Beeren dazugeben.

55 MINUTEN 4 PERSONEN

GRANOLA-CRUNCH
MIT QUARK UND ERDBEEREN

ZUTATEN

FÜR DAS GRANOLA:

- 400 g Haferflocken
- 100 g Mandeln
- 100 g Haselnusskerne
- 50 g Sonnenblumenkerne
- 50 g helle Sesamsamen
- 50 g Kürbiskerne
- 25 g gepuffter Amarant
- ½ TL Zimt
- ½ TL Salz
- 100 ml Rapsöl
- 150 g Honig

ZUM SERVIEREN:

- 500 g Magerquark
- 250 g Naturjoghurt
- 250 g Erdbeeren (wahlweise saisonale Früchte wie Aprikosen, Pfirsich, Pflaumen, Birnen etc.)

ZUBEREITUNG

1. Für das Granola den Backofen auf 160 °C (Umluft) vorheizen. Ein Backblech mit Backpapier auslegen.
2. Alle Zutaten in einer Schüssel mischen, gut vermengen und auf dem Backpapier verteilen. Das Granola im Ofen auf der mittleren Schiene 20 Minuten backen.
3. Mit einer Gabel das Knuspermüsli auflockern und weitere 20 Minuten backen. Aus dem Backofen nehmen und komplett abkühlen lassen. Das Granola in Gläser oder Dosen füllen und aufbewahren.
4. Zum Servieren den Quark und den Joghurt mischen. Die Erdbeeren waschen, putzen und vierteln. Den Quark portionsweise auf vier Schüsseln aufteilen. Mit den Erdbeeren belegen und mit je 4 EL Granola servieren.

TIPP

Das Granola mit getrockneten Früchten verfeinern. Dazu nach dem Backen 100 g Rosinen, Cranberrys, Apfelringe, klein geschnittene Datteln oder Aprikosen untermischen.

20 MINUTEN

4 PERSONEN (JE 2 BROTE)

VOLLKORNBROT

MIT MÖHREN-INGWER-AUFSTRICH

ZUTATEN

FÜR DEN AUFSTRICH:

300 g junge Möhren mit Grün
2 cm Ingwer
250 g Magerquark
250 g Naturjoghurt
Schale 1 unbehandelten Zitrone
Salz
Pfeffer

ZUM SERVIEREN:

½ Salatgurke
8 Scheiben Vollkorn-Roggenbrot

ZUBEREITUNG

1. Für den Aufstrich die Möhren putzen, schälen und fein reiben. Das Möhrengrün waschen, trocken schütteln und fein hacken. Den Ingwer schälen und fein hacken.

2. In einer Schüssel Möhren, Ingwer, Quark und Joghurt vermischen. Den Aufstrich mit abgeriebener Zitronenschale, Salz und Pfeffer abschmecken.

3. Zum Servieren die Gurke putzen, waschen und in dünne Scheiben schneiden.

4. Die Vollkornbrote mit dem Möhrenaufstrich bestreichen. Mit Gurkenscheiben belegen und mit Möhrengrün bestreuen.

TIPP

Das Möhrengrün ist sehr nahrhaft. Wer keine jungen Möhren mit Grün bekommt, kann alternativ auch 4 Stiele Dill verwenden.

15 MINUTEN

4 PERSONEN (JE 2 TOASTS)

VOLLKORN-TOAST
MIT MANGO UND APFEL

ZUTATEN

8 Scheiben Vollkorn-Toast

4 EL Sonnenblumenkerne

1 große Mango

2 Äpfel

4 EL Mandelmus

ZUBEREITUNG

1. Die Toastscheiben toasten. Die Sonnenblumenkerne in einer Pfanne ohne Fett rösten.

2. Die Mango schälen und das Fruchtfleisch vom Kern schneiden. Die Mango in Scheiben schneiden. Die Äpfel waschen und mit einem Apfelausstecher das Kerngehäuse entfernen. Dann den Apfel quer in Scheiben schneiden.

3. Die Toastscheiben mit Mandelmus bestreichen. Jeweils einige Apfelscheiben darauflegen und die Mangoscheiben darüber verteilen. Mit den Sonnenblumenkernen bestreut servieren.

TIPP

Versuchen Sie auch einmal Cashew- oder Erdnussmus und variieren Sie das Obst nach Belieben.

20 MINUTEN 4 PERSONEN

SCHINKEN-WRAPS
MIT ZUCCHINI

ZUTATEN

FÜR DIE CREME:

200 g Frischkäse
100 g Sauerrahm
Salz
Pfeffer
2 EL Zitronensaft

FÜR DIE FÜLLUNG:

2 mittelgroße Zucchini
2 EL Olivenöl
Salz
Pfeffer
100 g Rucola
4 Tortilla-Wraps (Weizenfladen, Ø ca. 25 cm)
8 Scheiben Kochschinken

ZUBEREITUNG

1. Für die Creme den Frischkäse und den Sauerrahm verrühren. Mit Salz, Pfeffer und Zitronensaft abschmecken.

2. Für die Füllung die Zucchini putzen, waschen und längs in je 8 dünne Scheiben schneiden. In einer Pfanne Öl erhitzen und die Zucchinischeiben darin von beiden Seiten 2–3 Minuten anbraten. Salzen und pfeffern. Den Rucola waschen, verlesen und trocken schütteln. In mundgerechte Stücke zupfen.

3. Die Wraps nach Packungsanleitung kurz erwärmen und mit der Frischkäsecreme bestreichen. Je 2 Schinken- und 4 Zucchinischeiben darauflegen. Den Rucola darüber verteilen. Die Wraps aufrollen, mittig schräg halbieren und servieren.

20 MINUTEN 2 PERSONEN

AVOCADO-FENCHEL-SALAT MIT GRAPEFRUIT

ZUTATEN

FÜR DEN SALAT:

1 Avocado

½ Salatgurke

200 g Kirschtomaten

2 kleine Fenchelknollen

½ rote Zwiebel

1 Handvoll Rucola

1 Handvoll Koriandergrün oder Petersilie

FÜR DAS DRESSING:

1 Pink Grapefruit

6 EL Olivenöl

2 TL Honig

1 Bio-Limette

1 Handvoll Minze

Salz

Pfeffer

ZUBEREITUNG

1. Die Avocado halbieren, entkernen und aus der Schale lösen. Das Fruchtfleisch zusammen mit der Gurke in kleine Würfel schneiden. Die Kirschtomaten halbieren.

2. Den Fenchel sowie die rote Zwiebel in feine Scheiben hobeln. Alles mit dem Rucola und fein gezupftem Koriandergrün oder Petersilie vermischen.

3. Für das Dressing die Pink Grapefruit mit dem Messer schälen und filetieren, dabei den Saft auffangen. Die Filets klein schneiden und zum Salat geben. Den Grapefruitsaft mit dem Olivenöl, dem Honig sowie etwas Abrieb und Saft der Limette gut verrühren. Fein gehackte Minze zugeben und mit Salz und Pfeffer abschmecken.

4. Den Salat frisch mit dem Dressing marinieren und genießen.

TIPP

Noch fruchtiger wird der Salat mit einem fein gehobelten Apfel. Wer mag, kann die Pink Grapefruit durch eine Orange ersetzen.

45 MINUTEN 2 PERSONEN

GEMÜSESALAT
MIT SENFDRESSING UND EI

ZUTATEN

FÜR DEN GEMÜSESALAT:

300 g kleine Kartoffeln
1 TL Kümmel
200 g Möhren
100 g Brokkoli
100 g Staudensellerie
1 rote Zwiebel
3 Stangen Frühlingslauch
1 Handvoll Petersilie

FÜR DAS SENFDRESSING:

5 EL Olivenöl
2 EL Apfelessig
½ Bio-Orange
2 TL Bio-Senf
1 TL Honig
Salz, Pfeffer

SONSTIGES:

2 Eier

ZUBEREITUNG

1. Zu Beginn die Kartoffeln in reichlich Salzwasser mit dem Kümmel etwa 20 Minuten gar kochen. Abgießen, gut abkühlen lassen und je nach Größe halbieren oder vierteln.

2. In der Zwischenzeit das Gemüse waschen, die Möhre und die Zwiebel schälen und alles in mundgerechte Stücke schneiden. In einem Topf Salzwasser aufsetzen und das Gemüse nach und nach bissfest blanchieren.

3. Anschließend das Gemüse mit fein geschnittenem Frühlingslauch, gehackter Petersilie und den Kartoffeln vermischen.

4. Für das Dressing das Olivenöl mit dem Apfelessig, etwas Abrieb und Saft der Orange, Senf und Honig verrühren und kräftig mit Salz und Pfeffer abschmecken.

5. Den Gemüsesalat mit dem Senfdressing marinieren und etwa 15 Minuten ziehen lassen.

6. Zum Schluss die Eier in köchelndem Wasser 5–6 Minuten wachsweich garen, herausnehmen und abkühlen lassen. Anschließend pellen und mit dem Gemüsesalat servieren.

TIPP

Das Gemüse kann natürlich je nach Saison und Geschmack variiert werden.

25 MINUTEN 2 PERSONEN

QUINOA-SALAT
MIT OLIVEN UND FETA

ZUTATEN

FÜR DEN QUINOA-SALAT:

- 100 g Quinoa
- 2 Tomaten
- 1 rote Paprika
- 1 rote Zwiebel
- ½ Salatgurke
- 1 Handvoll Oliven, in Scheiben
- 100 g Fetakäse
- 1 Handvoll Petersilie

FÜR DAS DRESSING:

- 6 EL Olivenöl
- 1 Bio-Zitrone
- 1 TL Honig
- 1 Knoblauchzehe
- Salz, Pfeffer

ZUBEREITUNG

1. Die Quinoa kalt abspülen und in 200 ml Wasser zugedeckt etwa 15 Minuten bei kleiner Hitze gar kochen. Anschließend abkühlen lassen.

2. In der Zwischenzeit die Tomaten vierteln und entkernen. Die Paprika halbieren und ebenfalls entkernen. Die Zwiebel schälen und alles zusammen – ebenso wie die Salatgurke – in feine Würfel schneiden. Zum Schluss das Gemüse mit der Quinoa und den Oliven vermischen. Den Feta zerbröseln und zusammen mit fein gehackter Petersilie mit dem Salat vermischen.

3. Für das Dressing das Olivenöl mit dem Abrieb und Saft der Zitrone sowie dem Honig verrühren. Die Knoblauchzehe schälen, fein hacken, zum Dressing geben und mit Salz und Pfeffer abschmecken.

4. Den Salat mit dem Dressing marinieren und genießen.

TIPP

Wer mag, kann noch ein paar eingelegte Peperoni unterheben. Je nach Saison lässt sich der Salat auch gut mit Spargel oder Kürbis ergänzen.

20 MINUTEN 4 PERSONEN

ASIA-SALAT
MIT SAUERKRAUT

ZUTATEN

700 g Sauerkraut (Frischsauerkraut)

1 Ananas

1 rote Chilischote

50 g Erdnusskerne

FÜR DAS DRESSING:

4 EL Sesamöl

2 EL Honig

2 EL Reisessig (wahlweise Weißweinessig)

Salz

Pfeffer

½ Bund Koriandergrün

ZUBEREITUNG

1. Das Sauerkraut in ein Sieb geben, leicht ausdrücken und abtropfen lassen. Das Sauerkraut ggf. grob schneiden.

2. Die Ananas schälen, halbieren und den Strunk entfernen. Das Fruchtfleisch klein würfeln. Die Chilischote halbieren und die Samen und weißen Trennwände entfernen. Die Chilischote waschen und in dünne Streifen schneiden. Die Erdnüsse grob hacken. Alles vorsichtig vermischen.

3. Für das Dressing Öl, Honig und Essig gründlich verquirlen und mit Salz und Pfeffer würzen. Den Koriander waschen, trocken schütteln und fein hacken.

4. Den Salat mit dem Dressing und dem Koriander vermischen. Nach Bedarf nochmals abschmecken.

TIPP

Besonders gesund ist frisches Sauerkraut (Frischsauerkraut) aus der Kühltheke, da hier die Milchsäurebakterien noch nicht durch Erhitzen abgetötet sind.

140 MINUTEN 1 TOASTBROT

VOLLKORN-BUTTER-DINKELTOASTBROT

ZUTATEN

10 g frische Hefe
10 g Vollrohrzucker
5 g Salz
300 g Dinkel-Vollkornmehl
30 g Butter oder Kokosöl

ZUBEREITUNG

1. 220 ml lauwarmes Wasser mit der Hefe, dem Vollrohrzucker sowie dem Salz verrühren. Das Mehl zugeben und alle Zutaten kurz auf niedrigster Stufe der Küchenmaschine vermischen. Dann etwa 10 Minuten auf zweiter Stufe zu einem elastischen und glatten Teig verarbeiten.

2. Den Teig an einem warmen Ort etwa 1 Stunde zugedeckt gehen lassen und ihn anschließend auf einer mehlierten Arbeitsfläche rund wirken. 10 Minuten ruhen lassen.

3. Einen etwa 20 cm langen Strang formen, diesen in vier gleich große Stücke teilen. Dazu den Teig einmal halbieren und die entstandenen Hälften ebenfalls halbieren.

4. Eine 500-g-Toast-Backform oder eine 20-cm-Kastenform gut einfetten und die Teiglinge um 90 Grad gedreht, also quer nebeneinander, in die gefettete Form legen. Weitere 45 Minuten gehen lassen. Den Backofen auf 200 °C Umluft (210 °C Ober/-Unterhitze) vorheizen.

5. Das Brot 30–40 Minuten goldgelb backen, dann sofort aus der Form nehmen und abkühlen lassen.

25 MINUTEN 4 PERSONEN

CHICORÉE-SALAT

MIT RÄUCHERFORELLE UND BUTTERMILCHDRESSING

ZUTATEN

2 Stauden Chicorée

1 Radicchio

2 Äpfel

1 rosa Grapefruit

400 g geräucherte Forellenfilets (ohne Haut)

2 EL heller und dunkler Sesamsamen

FÜR DAS DRESSING:

100 ml Buttermilch

3 EL Olivenöl

1 EL süßer Senf

1 EL mittelscharfer Senf

½ EL Honig

2 EL Weißweinessig

Salz

Pfeffer

ZUBEREITUNG

1. Den Chicorée und den Radicchio putzen. Die Blätter vom Chicorée abtrennen und kurz warm waschen, damit er nicht mehr bitter ist. Den Radicchio waschen, trocken schleudern und in Streifen schneiden.

2. Äpfel waschen, vierteln, vom Kerngehäuse befreien und in dünne Scheiben schneiden. Die Grapefruit schälen und die einzelnen Filets zwischen den Trennwänden herausschneiden, den Saft dabei auffangen. Die Fischfilets in kleine Stücke teilen.

3. Für das Dressing alle Zutaten und den aufgefangenen Grapefruitsaft gründlich verquirlen.

4. Die Chicoréeblätter auf Teller verteilen. Radicchio, Äpfel, Grapefruitfilets und Forelle daraufgeben und alles mit dem Dressing beträufeln. Mit Sesamsamen bestreut servieren.

INFO

Die Bitterstoffe des Chicorées sind gut für Verdauung, Stoffwechsel und Kreislauf. Zudem enthält die schlanke Staude den Ballaststoff Inulin, der Powerfood für gute Bakterien ist, lange satt hält und den Blutzuckerspiegel nur langsam ansteigen lässt.

35 MINUTEN 4 PERSONEN

BUNTER LINSENSALAT
MIT RADICCHIO UND ORANGE

ZUTATEN

2 Möhren
2 Stangen Staudensellerie
2 Stiele Thymian
1 Stiel Rosmarin
6 EL Olivenöl
250 g grüne Linsen (Puy-Linsen)
600 ml Gemüsebrühe
1 Lorbeerblatt
2 Orangen
½ Radicchio
2 Frühlingszwiebeln
½ Bund Petersilie
3 EL Rotweinessig
1 TL Dijonsenf
Salz
Pfeffer

ZUBEREITUNG

1. Möhren schälen, Staudensellerie waschen und putzen, ggf. harte Fäden ziehen. Selleriegrün beiseitelegen. Das Gemüse klein würfeln. Thymian und Rosmarin waschen und trocken schütteln, die Blätter und Nadeln abzupfen und klein hacken.

2. In einem Topf 2 Esslöffel Öl erhitzen und das Gemüse darin kurz anbraten. Linsen zugeben und mit Gemüsebrühe aufgießen. Lorbeerblatt und Kräuter zufügen und alles zugedeckt bei niedriger Hitze 20 Minuten köcheln lassen. Dabei gelegentlich umrühren und bei Bedarf noch etwas Wasser zufügen.

3. Inzwischen die Orangen schälen und filetieren, den Saft dabei auffangen und Orangenreste auspressen. Den Radicchio putzen, waschen und trocken schütteln. Die Blätter in dünne Streifen schneiden. Die Frühlingszwiebeln putzen, waschen und schräg in Ringe schneiden. Die Petersilie zupfen. Das Selleriegrün waschen, trocken schütteln und in feine Streifen schneiden.

4. Für die Vinaigrette aufgefangenen Orangensaft, restliches Öl, Essig, Senf, Salz und Pfeffer verquirlen.

5. Das Lorbeerblatt entfernen. Die Linsen vorsichtig mit Radicchio, Orangen und Frühlingszwiebeln vermischen. Die Vinaigrette unterrühren und mit Selleriegrün und Petersilie bestreuen.

6. Den Linsensalat nochmals abschmecken und am besten noch lauwarm servieren.

45 MINUTEN 4 PERSONEN

SPINATCREMESUPPE
MIT SEELACHS

ZUTATEN

300 g Spinat, tiefgekühlt
1 Zwiebel
1 Knoblauchzehe
4 EL Olivenöl
Muskatnuss
Salz
Pfeffer
600 ml Gemüsebrühe
4 Seelachsfilets
200 g Sahne

ZUBEREITUNG

1. Für die Suppe den Spinat auftauen und gut abtropfen lassen. Die Zwiebel und den Knoblauch schälen und fein hacken.

2. In einem großen Topf 2 Esslöffel Öl erhitzen und Zwiebel und Knoblauch darin anschwitzen. Den Spinat zugeben und kurz anbraten. Mit etwas Muskatnuss, Salz und Pfeffer würzen. Die Gemüsebrühe aufgießen und alles bei niedriger Hitze 5–10 Minuten köcheln lassen.

3. Inzwischen die Fischfilets waschen und trocken tupfen. In kleine Würfel schneiden und mit Salz und Pfeffer würzen. In einer Pfanne das restliche Öl erhitzen und die Filetwürfel darin auf jeder Seite 3–4 Minuten anbraten.

4. Die Sahne zur Suppe geben, alles aufkochen und mit dem Stabmixer pürieren. Die Spinatsuppe mit Salz und Pfeffer abschmecken und mit den Fischfilets in Schüsseln anrichten.

120 MINUTEN 4 PERSONEN

HÜHNERSUPPE
MIT INGWER UND NUDELN

ZUTATEN

1 Bund Suppengrün
5 cm Ingwer
1 Zwiebel
1 Suppenhuhn (ca. 1,5 kg)
Salz
1 Knolle Fenchel
2 Petersilienwurzeln
2 Möhren
150 g kleine Vollkornsuppennudeln
½ Bund Petersilie
Pfeffer

ZUBEREITUNG

1. Das Suppengrün putzen, waschen und klein schneiden. Den Ingwer schälen und in Scheiben schneiden. Die Zwiebel schälen und vierteln.

2. Das Suppenhuhn waschen und in einen Topf geben. Mit so viel kaltem Wasser aufgießen, dass das Huhn vollständig bedeckt ist. Langsam aufkochen, dabei den entstandenen Schaum abschöpfen. Suppengrün, Zwiebel und Ingwer zugeben. Alles salzen und bei niedriger Hitze etwa 1 Stunde köcheln lassen, bis sich das Hähnchenfleisch leicht vom Knochen löst.

3. Das Hähnchen aus der Brühe nehmen und abkühlen lassen. Die Brühe durch ein feinmaschiges Sieb abseihen. Das Hähnchenfleisch vom Knochen lösen und klein schneiden.

4. Den Fenchel putzen, waschen und klein schneiden. Die Petersilienwurzeln und Möhren schälen und klein würfeln. Die durchgesiebte Brühe aufkochen, das Gemüse und Hähnchenfleisch zugeben und alles bei niedriger Temperatur noch etwa 10 Minuten köcheln lassen.

5. Inzwischen die Vollkornnudeln nach Packungsanleitung in Salzwasser bissfest kochen. Die Petersilie waschen, trocken schütteln und fein hacken.

6. Die Hühnersuppe mit Salz und Pfeffer abschmecken. Mit den Nudeln servieren und mit Petersilie bestreuen.

55 MINUTEN 2 PERSONEN

DAAL MIT ERBSEN UND MANDELKERNEN

ZUTATEN

FÜR DAS DAAL:

1 Speisezwiebel
1 Knoblauchzehe
1 Chilischote
100 g Tomaten
½ EL Senfkörner
1 TL Kreuzkümmel
2 EL Kokosöl
1 TL Kurkuma
200 g rote Linsen
300 ml Kokosmilch
100 g Erbsen, tiefgekühlt
1 TL frischer Ingwer
1 Bio-Limette
Salz, Pfeffer

SONSTIGES:

1 Handvoll Koriandergrün
1 Handvoll Mandelkerne, geröstet

ZUBEREITUNG

1. Zuerst die geschälte Zwiebel und Knoblauchzehe sowie die Chilischote fein würfeln. Die Tomaten grob würfeln und beiseitestellen. Die Senfkörner und den Kreuzkümmel im Mörser zerstoßen.
2. Die Zwiebelwürfel mit dem Knoblauch und den zerstoßenen Gewürzen in dem Kokosöl glasig anschwitzen. Kurkuma und Linsen zugeben, kurz mitrösten und die Tomatenwürfel zugeben. Mit 300 ml Wasser und der Kokosmilch aufgießen und etwa 25 Minuten bei kleiner Hitze schön sämig kochen.
3. Anschließend die Erbsen zugeben und weitere 5 Minuten köcheln lassen. Mit frisch geriebenem Ingwer, Abrieb und Saft der Limette verfeinern und mit Salz und Pfeffer abschmecken.
4. Vor dem Servieren mit gehacktem Koriandergrün und gerösteten Mandelkernen bestreuen.

TIPP

Wer mag, kann das Daal mit griechischem Joghurt „on top“ verfeinern.

35 MINUTEN 2 PERSONEN

ERBSENSUPPE MIT MINZE UND PUMPERNICKEL

ZUTATEN

FÜR DIE ERBSENSUPPE:

- 3 Schalotten
- 1 Knoblauchzehe
- 1 EL Olivenöl
- 1 TL Vollrohrzucker
- 1 Prise Kreuzkümmel
- 500 ml Gemüsebrühe oder Wasser
- 250 g Erbsen, tiefgekühlt
- 1 Handvoll Minze
- ½ Bio-Limette
- Muskatnuss
- Salz, Pfeffer

SONSTIGES:

- Pumpernickel
- Frühlingslauch
- Minze

ZUBEREITUNG

1. Die Schalotten und die Knoblauchzehe schälen, klein schneiden und in dem Olivenöl mit dem Vollrohrzucker und 1 Prise Kreuzkümmel glasig anschwitzen. Mit der Gemüsebrühe auffüllen und kurz aufkochen.

2. Anschließend die Erbsen sowie die Minze zugeben und 5 Minuten bei kleiner Hitze köcheln lassen. Alles zusammen sehr fein pürieren, die Suppe durch ein feines Sieb passieren und mit etwas Limettensaft, frisch geriebener Muskatnuss, Salz und Pfeffer abschmecken.

3. Als Einlage den Pumpernickel in feine Würfel, den Frühlingslauch in feine Ringe und die Minze in feine Streifen schneiden. Die Einlage erst kurz vor dem Essen hinzugeben.

50 MINUTEN 2 PERSONEN

FRUCHTIGE KÜRBISSUPPE MIT CURRY UND KOKOS

ZUTATEN

250 g Kürbis, z. B. Hokkaido
1 Speisezwiebel
1 Knoblauchzehe
1 EL Kokosöl
1 EL rote Currypaste, je nach Geschmack mehr oder weniger
200 ml Gemüsebrühe
200 ml Kokosmilch
1 Sternanis
½ Zimtstange
1 Lorbeerblatt
1 Bio-Orange
Salz, Pfeffer

ZUM SERVIEREN:

natives Kürbiskernöl
Chia-Samen
gepuffter Amarant
etwas Kerbel

ZUBEREITUNG

1. Den Kürbis halbieren, entkernen und grob würfeln. Die Zwiebel und den Knoblauch schälen und fein würfeln. Zusammen in dem Kokosöl glasig dünsten. Dann die Currypaste zugeben und mit anrösten.

2. Mit der Gemüsebrühe und der Kokosmilch ablöschen, die Gewürze dazugeben und in 20 Minuten weich kochen. Anschließend die Gewürze wieder herausnehmen und die Suppe fein pürieren. Mit dem Abrieb und dem Saft der Orange verfeinern und mit etwas Salz und Pfeffer abschmecken.

3. Zum Servieren mit etwas Kürbiskernöl beträufeln, mit Chia-Samen, gepufftem Amarant und gezupftem Kerbel bestreuen.

TIPP

Der Hokkaido ist der einzige Kürbis, den man nicht schälen muss.

Wer keine Orange mag, kann diese auch durch einen Schuss naturtrüben Apfelsaft ersetzen.

40 MINUTEN 2 PERSONEN

FRISCHE SOMMERSUPPE
MIT KEFIR UND DILL

ZUTATEN

2 Eier

300 g Kartoffeln, festkochend

200 g Salatgurke

200 g Radieschen, ohne Grün

4 Stangen Frühlingslauch

1 Handvoll frischer Dill

2 EL Olivenöl

1 Limette

1 TL grober Bio-Senf

Salz, Pfeffer

ZUM SERVIEREN:

350 ml Kefir

150 ml Mineralwasser

ZUBEREITUNG

1. Zuerst die Eier in 9 Minuten hart und die Kartoffeln in Salzwasser etwa 20 Minuten gar kochen. Anschließend abkühlen lassen und in Scheiben schneiden.

2. In der Zwischenzeit die Gurke, die Radieschen und den Frühlingslauch in feine Scheiben schneiden.

3. Den Dill fein hacken und mit dem Olivenöl, dem Saft der Limette und dem Senf verrühren. Ordentlich mit Salz und Pfeffer würzen.

4. Alles vermengen und in Gläser füllen.

5. Den Kefir mit sprudelndem Mineralwasser verrühren und vor dem Servieren das Gemüse damit aufgießen.

TIPP

Das Gemüse lässt sich als Einlage nach Belieben ergänzen oder austauschen. Einfach ein paar Kombinationen ausprobieren!

50 MINUTEN 4 PERSONEN

GEMÜSECHILI

MIT BULGUR UND KORIANDERRAHM

ZUTATEN

1 Zwiebel, 1 Knoblauchzehe

1 rote Chilischote

1 Zucchini, 2 Möhren

1 rote Paprikaschote

2 EL Öl, 2 EL Tomatenmark

½ TL Paprikapulver edelsüß

½ TL gemahlener Kreuzkümmel

500 ml Gemüsebrühe

1 Dose stückige Tomaten (400 ml)

Zucker, Salz, Pfeffer

1 Dose Kidneybohnen (Abtropfgewicht 250 g)

1 Dose weiße Bohnen (Abtropfgewicht 250 g)

1 Dose Mais (Abtropfgewicht 285 g)

150 g Bulgur

½ Bund Koriandergrün

250 g Sauerrahm

Schale von 1 unbehandelten Zitrone

ZUBEREITUNG

1. Zwiebel und Knoblauchzehe schälen und hacken. Chilischote halbieren, Samen und weiße Trennwände entfernen, Schote waschen und fein hacken.

2. Zucchini putzen und waschen. Möhren schälen. Paprikaschote halbieren, Samen und weiße Trennwände entfernen, die Schote waschen. Das Gemüse klein würfeln.

3. Das Öl in einem Topf erhitzen und Zwiebel, Knoblauch und Chilischote darin anschwitzen. Gemüse zufügen und kurz anbraten. Tomatenmark, Paprikapulver und Kreuzkümmel zufügen und anrösten. Gemüsebrühe aufgießen und Tomaten zugeben. Mit 1 Prise Zucker, Salz und Pfeffer würzen. Zugedeckt bei niedriger Hitze 15 Minuten köcheln lassen.

4. Bohnen und Mais in ein Sieb abgießen, abspülen und abtropfen lassen. Zum Chili geben und weitere 5–8 Minuten köcheln lassen.

5. Inzwischen den Bulgur in 300 ml Salzwasser aufkochen und zugedeckt bei niedriger Hitze 10 Minuten köcheln lassen, dabei gelegentlich umrühren.

6. Für den Korianderrahm den Koriander waschen, trocken schütteln und fein hacken. Den Sauerrahm mit abgeriebener Zitronenschale und Koriander verrühren. Mit Salz und Pfeffer abschmecken.

7. Das Gemüsechili mit Bulgur und Korianderrahm servieren.

50 MINUTEN 4 PERSONEN

PASTINAKENSUPPE
MIT RUCOLA-PESTO

ZUTATEN

FÜR DIE SUPPE:

- 1 Zwiebel
- 800 g Pastinaken
- 2 EL Olivenöl
- 800 ml Gemüsebrühe
- 250 g Sahne
- Salz
- Pfeffer

FÜR DAS RUCOLA-PESTO:

- 50 g Rucola
- 1 kleine Knoblauchzehe
- ½ Zitrone
- 50 g Cashewkerne
- 100 ml Olivenöl
- Salz
- Pfeffer

ZUBEREITUNG

1. Für die Suppe die Zwiebel schälen und fein hacken. Die Pastinaken schälen und grob würfeln. Das Öl in einem Topf erhitzen und die Zwiebel darin anschwitzen. Die Pastinaken zugeben und kurz anbraten. Mit Gemüsebrühe aufgießen. Alles aufkochen und zugedeckt bei niedriger Hitze 15–18 Minuten köcheln lassen.

2. Alles mit dem Stabmixer pürieren, die Sahne zugeben und nochmals aufkochen. Mit Salz und Pfeffer abschmecken.

3. Inzwischen für das Pesto den Rucola waschen, trocken schütteln und grob zerkleinern. Die Knoblauchzehe schälen und fein hacken. Die Zitrone auspressen. Die Cashewkerne grob hacken. In einer Küchenmaschine oder im Blitzhacker alles fein mixen. Dabei so viel Olivenöl in einem dünnen Strahl dazugießen, bis das Pesto die gewünschte Konsistenz erreicht hat. Mit Salz und Pfeffer abschmecken.

4. Die Pastinakensuppe mit einem Klecks Rucola-Pesto servieren.

TIPP

Pastinaken gehören zu den Gemüsesorten, die viele Ballaststoffe wie Präbiotika enthalten – ein Festmahl für unsere Darmbakterien.

90 MINUTEN 4 PERSONEN

GRÜNKOHLPUFFER
MIT SCHNITTLAUCHQUARK

ZUTATEN

FÜR DIE PUFFER:

1 kg mehlig kochende Kartoffeln

Salz

1 Zwiebel

1 Knoblauchzehe

600 g Grünkohl

4 EL Olivenöl

1 EL Currypulver

Pfeffer

2 Eier (Größe L)

FÜR DEN SCHITTLAUCH-QUARK:

1 Bund Schnittlauch

400 g Quark

2–3 EL Milch

1 EL Olivenöl

Schale von 1 unbehandelten Zitrone

Salz

Pfeffer

ZUBEREITUNG

1. Für die Puffer die Kartoffeln waschen und in wenig Salzwasser etwa 30 Minuten garen. Abgießen und ausdampfen lassen.

2. Inzwischen für den Schnittlauchquark den Schnittlauch waschen, trocken schütteln und in feine Röllchen schneiden. Den Quark mit der Milch glatt rühren und den Schnittlauch und das Öl untermischen. Mit abgeriebener Zitronenschale, Salz und Pfeffer abschmecken.

3. Zwiebel und Knoblauch schälen und fein hacken. Den Grünkohl putzen und waschen. Die Stiele am Blattansatz abschneiden und klein würfeln. Die Blätter in Streifen schneiden.

4. In einer beschichteten Pfanne 1 Esslöffel Öl erhitzen und Zwiebel, Knoblauch und Grünkohlstiele darin glasig anschwitzen. Die Blätter zugeben. Mit 2–3 Esslöffeln Wasser aufgießen, damit der Grünkohl nicht ansetzt. Alles mit Curry, Salz und Pfeffer würzen und zugedeckt bei niedriger Hitze 4 Minuten anbraten. Dann aus der Pfanne nehmen und abkühlen lassen.

5. Die Kartoffeln pellen, klein schneiden und zerdrücken. Kartoffeln, Grünkohl und Eier vermischen und die Masse mit Salz und Pfeffer würzen. Aus der Masse 12 Puffer formen.

6. Die Pfanne auswischen und das restliche Öl erhitzen. Die Puffer darin portionsweise auf jeder Seite 3–4 Minuten braten. Mit dem Schnittlauchquark servieren.

INFO

Wer keinen Grünkohl bekommt, kann auch anderes grünes Blattgemüse wie Blattspinat, Mangold oder Wirsing nehmen.

45 MINUTEN 2 PERSONEN

GEMÜSE-CURRY

MIT KOKOS UND CASHEWKERNEN

ZUTATEN

FÜR DIE CURRYPASTE:

je 2 Schalotten und Knoblauchzehen

je 1 Handvoll Koriandergrün und Thai-Basilikum

1–2 Chilischoten

1 Stange Zitronengras

2 Kaffir-Limettenblätter

1 walnussgroßes Stück Ingwer

1 Bio-Limette

FÜR DAS GEMÜSE-CURRY:

200 g Shiitake-Pilze

100 g grüne Bohnen

100 g Zuckerschoten

2 EL Kokosöl

200 ml Gemüsebrühe oder Wasser

300 ml Kokosmilch

Salz, Pfeffer

1 Handvoll Cashewkerne, geröstet

1 Handvoll Thai-Basilikum und Koriandergrün

ZUBEREITUNG

1. Zuerst die Currypaste herstellen. Dazu die Schalotten und den Knoblauch schälen. Zusammen mit Koriander, Thai-Basilikum, Chilischoten, fein geschnittenem Zitronengras, Kaffir-Limettenblättern, fein geriebenem Ingwer sowie Abrieb und Saft der Limette in einem Hochleistungsmixer möglichst fein pürieren.

2. Die Shiitake-Pilze, die grünen Bohnen und die Zuckerschoten in mundgerechte Stücke schneiden. Die Pilze in dem Kokosöl scharf anbraten und mit der Gemüsebrühe sowie der Kokosmilch aufgießen. Bei kleiner Hitze etwa 5 Minuten köcheln lassen, dann die Bohnen zugeben und alles weitere 5 Minuten leicht köcheln lassen.

3. Zum Schluss die Zuckerschoten sowie die Currypaste zugeben, einmal aufkochen lassen und mit Salz und Pfeffer abschmecken.

4. Das Curry mit gerösteten Cashewkernen und frisch gehacktem Thai-Basilikum und Koriandergrün verfeinern

TIPP

Wer mag, kann das Gemüse durch anderes ersetzen oder ergänzen.

Auch lecker mit Huhn; 5 Minuten vor Ende der Garzeit in Würfel geschnittene Hühnerbrust zugeben.

50 MINUTEN

CA. 6 FRIKADELLEN

VEGGIE-FRIKADELLE
MIT BERGKÄSE

ZUTATEN

FÜR DIE FRIKADELLEN:

1 Speisezwiebel
1 Knoblauchzehe
1 EL Butter
1 TL geräuchertes Paprikapulver
125 ml Milch
125 g Haferflocken
1 TL Bio-Senf
60 g würziger Bergkäse
1 Handvoll Petersilie
1 Ei
Salz, Pfeffer
Olivenöl zum Ausbacken

SONSTIGES:

Bio-Senf
Radieschen

ZUBEREITUNG

1. Zwiebel und Knoblauchzehe schälen, fein würfeln und in der Butter glasig anschwitzen. Das Paprikapulver zugeben und kurz mit anrösten. Mit der Milch auffüllen, leicht erwärmen und vom Herd nehmen.

2. Die Haferflocken sowie den Senf in die Milch geben und 15 Minuten quellen lassen.

3. In der Zwischenzeit den Bergkäse fein reiben und die Petersilie fein hacken. Anschließend den Käse, die Petersilie und das Ei mit den Haferflocken vermengen. Mit Salz und Pfeffer abschmecken.

4. Olivenöl in einer Pfanne erhitzen. Mithilfe eines Eisportionierers die Frikadellen in die Pfanne geben und etwas flach drücken. Die Frikadellen etwa 4 Minuten von jeder Seite goldgelb anbraten.

5. Zusammen mit etwas Senf und Radieschen genießen. Die vegetarischen Frikadellen schmecken warm oder auch kalt.

55 MINUTEN 4 PERSONEN

SPARGELGEMÜSE
AUF CREMIGER POLENTA

ZUTATEN

FÜR DIE POLENTA:

1 Knoblauchzehe
3 Stiele Thymian
450 ml Milch
150 g Polenta (Maisgrieß)
2 EL Olivenöl
40 g Parmesan
Salz
Pfeffer

FÜR DAS GEMÜSE:

1 Knoblauchzehe
1 kg grüner Spargel
4 feste Birnen
2 EL Butter
2 EL Honig
3 EL Olivenöl
Salz
Pfeffer
4 Stiele Thymian
50 g Haselnusskerne

ZUBEREITUNG

1. Für die Polenta den Knoblauch schälen und andrücken. Thymian waschen und trocken schütteln. In einem Topf Milch, Knoblauch, Thymian und 450 ml Wasser aufkochen. Polenta und Öl einrühren und alles nochmals unter Rühren aufkochen. Topf vom Herd nehmen und Polenta etwa 20 Minuten ausquellen lassen. Danach Knoblauchzehe und den Thymian entfernen. Parmesan fein reiben und unterrühren, gegebenenfalls noch etwas Milch zugießen. Polenta mit Salz und Pfeffer abschmecken.

2. Für das Gemüse währenddessen den Knoblauch schälen. Den Spargel waschen, im unteren Drittel schälen und die Enden entfernen. Die Stangen nach Belieben schräg halbieren. Die Birnen waschen, vierteln, entkernen und in Spalten schneiden.

3. In einer großen Pfanne die Butter erhitzen und die Birnen darin etwa 3 Minuten anbraten. Den Honig darüberträufeln und leicht karamellisieren lassen. Die Birnen aus der Pfanne nehmen und beiseitestellen.

4. Die Pfanne auswischen, das Öl darin erhitzen und den Knoblauch anschwitzen. Den Spargel zugeben und 5–7 Minuten anbraten, je nach Dicke der Spargelstangen. Mit Salz und Pfeffer abschmecken. Die Birnen zufügen und nochmals schwenken.

5. Den Thymian waschen, trocken schütteln und die Blätter abzupfen. Die Nüsse grob hacken. Das Gemüse mit der Polenta anrichten. Mit Thymian und Nüssen bestreut servieren.

INFO

Grüner Spargel gehört zu den gesunden Präbiotika-Vertretern.

55 MINUTEN 2 PERSONEN

FALAFEL-BENTO
MIT HUMMUS UND SALAT

ZUTATEN

FÜR DIE FALAFEL-BÄLLCHEN:

200 g Kichererbsen, getrocknet
100 g Speisezwiebel
1 Knoblauchzehe
1 Handvoll Basilikum
Salz, Pfeffer
1 TL Kreuzkümmel
Olivenöl zum Braten

FÜR DEN HUMMUS:

400 g Kichererbsen, aus der Dose (250 g Abtropfgewicht)
1 Knoblauchzehe, 2 EL Tahin
2 EL Olivenöl, ½ Zitrone
Salz, Pfeffer
1 Prise Kreuzkümmel

FÜR DEN TOMATEN-GURKEN-SALAT:

200 g Kirschtomaten
2 kleine Gurken, 1 Pfefferschote
1 Handvoll Thai-Basilikum
4 EL Sesamöl, ½ Zitrone
Salz, Pfeffer

ZUBEREITUNG

1. Die Kichererbsen über Nacht in reichlich Wasser einweichen und dann gut abtropfen lassen. Die Zwiebel und die Knoblauchzehe schälen und grob hacken. Die Basilikumblätter von den Stielen zupfen. Alles zusammen im Zerkleinerer gut pürieren und mit Salz, Pfeffer sowie dem Kreuzkümmel abschmecken.

2. Nun gleichmäßige Bällchen formen – wer mag, nimmt einen Eisportionierer zu Hilfe – und in einer Pfanne bei mittlerer Hitze mit etwas Olivenöl von beiden Seiten goldgelb braten.

3. Für den Hummus die Kichererbsen abtropfen lassen und die Knoblauchzehe schälen. Zusammen mit dem Tahin, Olivenöl und 2–5 Esslöffeln Wasser fein pürieren, bis die Masse cremig wird. Mit etwas Abrieb und Saft der Zitrone, Salz und Pfeffer sowie dem Kreuzkümmel abschmecken.

4. Für den Salat die Kirschtomaten halbieren, die Gurken mit einem Sparschäler längs in feine Scheiben schneiden. Die Pfefferschote sowie das Thai-Basilikum klein hacken und alles mit Sesamöl, etwas Zitronensaft, Salz und Pfeffer abschmecken.

TIPP

Die Falafel-Bällchen und der Hummus lassen sich schon am Vortag zubereiten und sind im Kühlschrank einige Tage lang haltbar.

90 MINUTEN 4 PERSONEN

OFEN-AUBERGINEN AUF CASHEW-COUSCOUS

ZUTATEN

FÜR DIE AUBERGINEN:

- 2 große Auberginen
- ½ Zitrone
- Salz
- Pfeffer
- 1 Knoblauchzehe
- 150 g Champignons
- 1 rote Paprikaschote
- 4 Stiele Thymian
- 4 EL Olivenöl
- 60 g Bergkäse

FÜR DEN CASHEW-COUSCOUS:

- 200 g Couscous
- 80 g Cashewkerne
- 2 EL Olivenöl
- 2 EL Rosinen
- Salz

ZUBEREITUNG

1. Auberginen putzen, waschen, längs halbieren und mit einem Löffel aushöhlen, sodass ein etwa 1 cm breiter Rand stehen bleibt. Zitrone auspressen und Auberginenhälften mit Zitronensaft beträufeln. Salzen und pfeffern. Auberginenfruchtfleisch klein würfeln. Knoblauchzehe schälen und fein hacken. Pilze putzen und klein würfeln. Paprika halbieren, Samen und weiße Trennwände entfernen. Paprika waschen und klein würfeln. Thymian waschen und Blätter abzupfen.

2. Den Backofen auf 200 °C (Ober-/Unterhitze) vorheizen. Ein Backblech mit Backpapier auslegen. Öl in einer Pfanne erhitzen und Knoblauch darin anschwitzen. Auberginenwürfel, Paprika und Pilze zugeben und 4–5 Minuten anbraten. Thymian zufügen und mit Salz und Pfeffer würzen. Kurz abkühlen lassen. Bergkäse reiben und unter das Gemüse mischen. Auberginenhälften mit der Gemüsemischung füllen und auf das Blech setzen. Im Ofen auf der mittleren Schiene 30 Minuten backen.

3. Inzwischen Couscous in eine Schüssel geben und mit 300 ml kochendem Wasser übergießen. Zugedeckt 10 Minuten quellen lassen. Cashewkerne in einer Pfanne ohne Fett rösten, herausnehmen und abkühlen lassen. Couscous mit einer Gabel durchrühren. Olivenöl, Cashewkerne und Rosinen unterrühren. Mit Salz abschmecken.

4. Die gefüllten Auberginen aus dem Ofen nehmen und mit dem Cashew-Couscous servieren.

60 MINUTEN 4 PERSONEN

GEMÜSEREIS
MIT SESAM-TOFU

ZUTATEN

200 g Basmatireis, Salz
1 Brokkoli
1 Zwiebel
2 cm Ingwer
1 kleine rote Chilischote
1 Limette
1 Chicorée
40 g Cashewkerne
400 g Tofu
4 EL helle und dunkle Sesamsamen
4 EL Kokosöl
½ EL gemahlene Kurkuma
½ TL gemahlener Kreuzkümmel
½ TL gemahlener Koriander
40 g Rosinen
Pfeffer
½ Bund Koriandergrün

ZUBEREITUNG

1. Reis in 500 ml leicht gesalzenem Wasser aufkochen und zugedeckt 15 Minuten köcheln lassen, dabei gelegentlich umrühren. Vom Herd nehmen und 10 Minuten quellen lassen. Inzwischen Brokkoli waschen, in Röschen teilen und in Salzwasser 5 Minuten garen. In ein Sieb abgießen und kalt abschrecken.

2. Zwiebel und Ingwer schälen und hacken. Chilischote halbieren, Samen und weiße Trennwände entfernen. Chilischote waschen und fein hacken. Limette halbieren und auspressen. Chicorée putzen, waschen und in Streifen schneiden. Cashewkerne hacken. Tofu in Würfel schneiden. Sesamsamen auf einem Teller verteilen und Tofuwürfel darin wälzen.

3. In einem Topf 2 Esslöffel Öl erhitzen und Zwiebel, Ingwer und Chili darin anschwitzen. Kurkuma, Kreuzkümmel und Koriander zufügen. Den Reis zugeben und kurz anbraten. Brokkoli, Chicorée und Rosinen zufügen und 3–4 Minuten anbraten.

4. In einer Pfanne das restliche Öl erhitzen und die Tofuwürfel rundum 3–4 Minuten anbraten. Den Gemüsereis mit Limettensaft, Salz und Pfeffer abschmecken. Den Koriander waschen, trocken schütteln, fein hacken und unter den Reis mischen. Den Gemüsereis mit dem Sesam-Tofu servieren.

INFO

Den Reis schon am Vorabend kochen und abkühlen lassen. Dabei kristallisiert die Stärke aus und wird verdauungsrobuster. Resistente Stärke ist gut für die Darmbakterien.

60 MINUTEN 4 PERSONEN

PILZ-RISOTTO MIT KRÄUTER-SEITLINGEN UND RADICCHIO

ZUTATEN

- 1 Zwiebel
- 1 Knoblauchzehe
- 300 g Kräuterseitlinge (wahlweise Champignons)
- ½ Radicchio
- 4 Stiele Petersilie
- 2 EL Olivenöl
- 300 g Risottoreis
- 125 ml trockener Weißwein
- ca. 1 l heiße Gemüsebrühe
- 3 EL Butter
- Salz
- Pfeffer
- 50 g geriebener Parmesan
- Schale und Saft von 1 unbehandelten Zitrone

ZUBEREITUNG

1. Die Zwiebel und die Knoblauchzehe schälen und fein hacken. Die Kräuterseitlinge putzen und in Scheiben schneiden. Den Radicchio putzen, waschen und in feine Streifen schneiden. Die Petersilie waschen, trocken schütteln und fein hacken.

2. In einem großen Topf das Öl erhitzen und die Hälfte von Zwiebel und Knoblauch darin glasig anschwitzen. Den Risottoreis zugeben und 2 Minuten anschwitzen. Mit Weißwein ablöschen und fast ganz einkochen lassen. So viel heiße Gemüsebrühe aufgießen, dass der Reis gerade bedeckt ist. Alles unter Rühren leicht brodelnd köcheln lassen, bis die Flüssigkeit fast verdampft ist. Dabei nach und nach die Gemüsebrühe aufgießen und unter Rühren etwa 20 Minuten einkochen lassen, bis das Risotto bissfest ist.

3. Inzwischen in einer Pfanne 2 Esslöffel Butter erhitzen und die restliche Zwiebel und Knoblauch darin glasig anschwitzen. Die Pilze zugeben und bei niedriger Hitze etwa 5 Minuten anbraten, dabei gelegentlich umrühren. Mit Salz und Pfeffer würzen. Den Radicchio zugeben und einmal schwenken.

4. Das Risotto vom Herd nehmen und die restliche Butter und den Parmesan untermischen. Das Pilzgemüse unterrühren und alles mit Salz, Pfeffer, abgeriebener Zitronenschale und -saft abschmecken. Das Risotto auf Teller verteilen und, mit Petersilie bestreut, servieren.

INFO

Radicchio enthält viele Bitterstoffe, die die Verdauung anregen.

75 MINUTEN 4 PERSONEN

HACKBÄLLCHEN

MIT RAITA UND ZUCCHINI-LAUCH-GEMÜSE

ZUTATEN

FÜR DIE RAITA:

½ Gurke
1 Bund Petersilie
4 Stiele Minze
250 g Magerquark
200 g Joghurt
gemahlener Kreuzkümmel
gemahlener Koriander
Salz
Pfeffer

FÜR DIE HACKBÄLLCHEN:

1 Knoblauchzehe
½ Bund Koriandergrün
500 g Rinderhackfleisch
Rapsöl zum Braten

FÜR DAS GEMÜSE:

1 Zwiebel
2 Stangen Lauch
1 kg Zucchini
3 Stiele Thymian
2 EL Olivenöl

ZUBEREITUNG

1. Für die Raita die Gurke schälen, längs halbieren und Kerne mithilfe eines Löffels herauskratzen. Gurke raspeln. Petersilie und Minze waschen, trocken schütteln und fein hacken. Quark mit Joghurt verrühren, Gurke und Hälfte der Petersilie sowie Minze unterheben. Mit je ½ TL Kreuzkümmel und Koriander sowie Salz und Pfeffer abschmecken.

2. Für die Hackbällchen die Knoblauchzehe schälen und fein hacken. Koriander waschen, trocken schütteln, Blätter abzupfen und fein hacken. Hackfleisch mit Knoblauch, Koriander und übriger Petersilie vermischen. Mit 1 TL Kreuzkümmel, Salz und Pfeffer würzen und alles verkneten. Aus der Masse 16–18 Hackbällchen formen und zugedeckt im Kühlschrank etwa 10 Minuten ziehen lassen.

3. Den Backofen auf 80 °C erhitzen. Ein Backblech mit Backpapier auslegen. In einer Pfanne etwas Rapsöl erhitzen und Hackbällchen darin portionsweise bei mittlerer Hitze rundum etwa 8 Minuten anbraten, herausnehmen, im Ofen warm halten.

4. Zwiebel schälen und fein hacken. Lauch putzen, aschen und in Ringe schneiden. Zucchini putzen, waschen und in Scheiben schneiden. Thymian waschen, trocken schütteln und Blättchen fein hacken. In einer Pfanne Olivenöl erhitzen und Zwiebel und Lauch darin 2–3 Minuten anbraten. Zucchini zugeben und weitere 4–5 Minuten bissfest anbraten. Mit Thymian, Salz und Pfeffer abschmecken.

5. Hackbällchen mit Raita und Gemüse servieren.

45 MINUTEN 2 PERSONEN

CLUB-SANDWICH
MIT HUHN UND ESTRAGON-MAYO

ZUTATEN

FÜR DIE HÜHNERBRUST:

2 Hühnerbrüste
Salz, Pfeffer
½ TL Paprikapulver
1 EL Olivenöl

FÜR DIE ESTRAGON-MAYO:

80 ml Sojamilch
½ Zitrone
1 TL Bio-Senf
1 Handvoll Estragon
150 ml Rapsöl
50 g Crème fraîche

SONSTIGES:

6 Scheiben Vollkorn-Butter-Dinkeltoastbrot (siehe S. 87)
1 Avocado
2 hart gekochte Eier
je 1 Tomate und rote Zwiebel
Romanasalat

ZUBEREITUNG

1. Die Hühnerbrüste mit Salz, Pfeffer und Paprikapulver würzen. In dem Olivenöl bei mittlerer Hitze 5–7 Minuten pro Seite durchbraten. Kurz ruhen lassen und in Scheiben schneiden.

2. Für die Mayo die Sojamilch mit dem Zitronensaft und dem Senf verrühren. Mit dem Pürierstab zusammen mit dem Estragon pürieren und dabei nach und nach kleine Mengen Öl zugeben, bis eine Mayonnaise entstanden ist. Mit der Crème fraîche verfeinern und mit Salz und Pfeffer abschmecken.

3. Für das Club-Sandwich das Vollkorn-Toastbrot goldgelb toasten. Avocado, hartgekochte Eier, Tomate und die rote Zwiebel in Scheiben schneiden.

4. Das erste Stockwerk mit Estragon-Mayo bestreichen und mit etwas Romanasalat, Avocado und Ei belegen.

5. Das zweite Stockwerk wieder mit der Mayo bestreichen, mit der Zwiebel, den Tomatenscheiben und der Hühnerbrust belegen. Das Sandwich mit etwas Romanasalat und Vollkorn-Toastbrot „on top" abschließen.

TIPP

Noch delikater wird das Sandwich mit knusprig gebratenem Speck. Vegetarier können das Hühnchen durch geröstete Paprika ersetzen.

40 MINUTEN 6 MUFFINS

MINI-FRITTATAS
MIT SPINAT UND LACHS

ZUTATEN

- 4 Eier
- 2 EL Milch
- Salz, Pfeffer
- Muskatnuss
- 200 g Lachsfilet, entgrätet und ohne Haut
- 1 EL Butter
- 125 g Babyspinat

ZUBEREITUNG

1. Den Backofen auf 160 °C Umluft (180 °C Ober-/Unterhitze) vorheizen.

2. Die Eier mit der Milch verquirlen und kräftig mit Salz, Pfeffer und frisch geriebener Muskatnuss würzen.

3. Das Lachsfilet mit kaltem Wasser abbrausen, trocken tupfen und in kleine Würfel schneiden. Ein Muffinblech mit Butter ausfetten. Den Babyspinat zusammen mit den Lachswürfeln in den Förmchen verteilen. Das Muffinblech gleichmäßig mit dem verquirlten Ei auffüllen.

4. Anschließend die Frittatas etwa 15 Minuten im Ofen stocken und leicht abkühlen lassen. In Papierförmchen servieren.

TIPP

Wer es würziger mag, kann noch eine Handvoll geriebenen Parmesan vor dem Backen zugeben.

50 MINUTEN 4 PERSONEN

SÜSSKARTOFFEL-CURRY
MIT HÄHNCHEN

ZUTATEN

2 große Süßkartoffeln (à ca. 400 g)

2 cm Ingwer

1 Zwiebel

1 Knoblauchzehe

250 g gegarte Kichererbsen

2 Hähnchenbrustfilets (ca. 500 g)

3 EL Rapsöl

1 EL mildes Currypulver

Salz

Pfeffer

400 ml Gemüsebrühe

500 ml passierte Tomaten (aus der Dose)

1 Bund Koriandergrün

Chiliflocken, nach Belieben

ZUBEREITUNG

1. Die Süßkartoffeln schälen und klein würfeln. Den Ingwer, die Zwiebel und den Knoblauch schälen und fein hacken. Die Kichererbsen in ein Sieb abgießen, abspülen und abtropfen lassen. Das Hähnchenfleisch waschen, trocken tupfen und klein würfeln.

2. In einem großen Topf das Öl erhitzen und Ingwer, Zwiebel und Knoblauch darin glasig anschwitzen. Das Fleisch zugeben und rundum anbraten. Das Currypulver darüberstreuen und salzen und pfeffern. Die Süßkartoffeln zufügen und kurz anbraten. Mit Gemüsebrühe aufgießen. Die passierten Tomaten und die Kichererbsen zugeben, alles aufkochen und bei mittlerer Hitze 15–18 Minuten köcheln lassen.

3. Das Curry mit Salz und Pfeffer abschmecken. Den Koriander waschen, trocken schütteln und fein hacken. Das Curry damit bestreuen. Nach Belieben mit Chiliflocken bestreut servieren.

45 MINUTEN 4 PERSONEN

CURRY-PUTEN-SPIESSE
MIT GEWÜRZ-TABOULEH

ZUTATEN

FÜR DIE SPIESSE:

600 g Putenbrustfilet
Salz
Pfeffer
1 EL mildes Currypulver

FÜR DAS GEWÜRZ-TABOULEH:

200 g Couscous
1 Bund Petersilie
1 Stiel Minze
1 Gurke
1 gelbe Paprikaschote
1 rote Zwiebel
½ Granatapfel
1 Zitrone
4 EL Olivenöl
Salz
Pfeffer

AUSSERDEM:

8 Holzspieße

ZUBEREITUNG

1. Für die Spieße den Backofen auf 200° (Ober-/Unterhitze) vorheizen. Ein Backblech mit Backpapier auslegen. Das Putenfleisch waschen, trocken tupfen und in etwa 3 x 3 cm große Würfel schneiden. Mit Salz und Pfeffer würzen und mit dem Currypulver einreiben. Das Fleisch auf die Holzspieße stecken, nebeneinander auf das Blech legen und im Ofen auf der mittleren Schiene etwa 20 Minuten garen.

2. Inzwischen für das Gewürz-Tabouleh den Couscous in eine Schüssel geben, mit 300 ml kochendem Wasser übergießen und zugedeckt ungefähr 10 Minuten quellen lassen.

3. Die Petersilie und die Minze waschen, trocken schütteln und fein hacken. Die Gurke schälen und längs halbieren. Die Kerne mithilfe eines Löffels herauskratzen und die Gurke klein würfeln. Die Paprikaschote halbieren und Samen und weiße Trennwände entfernen. Die Paprika waschen und klein würfeln. Die Zwiebel schälen und fein hacken. Die Granatapfelkerne herauslösen. Die Zitrone halbieren und auspressen.

4. Kräuter, Gemüse und Granatapfelkerne mit dem Couscous mischen und das Tabouleh mit Olivenöl, Zitronensaft, Salz und Pfeffer würzen.

5. Das Gewürz-Tabouleh mit den Curry-Puten-Spießen servieren.

60 MINUTEN 4 PERSONEN

HÄHNCHENFILET
MIT KÜRBISKERNKRUSTE UND APFEL-SELLERIE-PÜREE

ZUTATEN

FÜR DAS PÜREE:

- 400 g Knollensellerie
- 2 mehlig kochende Kartoffeln (à ca. 350 g)
- 1 Apfel
- 100 ml Milch
- 50 g Butter
- Salz
- Pfeffer
- Muskatnuss

FÜR DAS HÄHNCHEN:

- 4 Hähnchenbrustfilets (à ca. 120 g)
- Salz
- Pfeffer
- 2 Eier (Größe M)
- 160 g Kürbiskerne
- 3 EL Dinkelmehl (Type 630)

AUSSERDEM:

- Rapsöl zum Braten

ZUBEREITUNG

1. Für das Püree Sellerie, Kartoffeln und Apfel schälen. Sellerie und die Kartoffeln klein würfeln. Apfel vierteln und das Kerngehäuse entfernen, die Viertel ebenfalls klein würfeln.

2. Sellerie, Kartoffeln und Apfel in einen Topf geben und mit Wasser bedecken. Alles aufkochen und zugedeckt bei niedriger Hitze 15–20 Minuten köcheln lassen. Anschließend in ein Sieb abgießen und abtropfen lassen.

3. Sellerie, Kartoffeln und Apfel wieder in den Topf geben, Milch und Butter zufügen und alles mit einem Kartoffelstampfer grob stampfen. Mit Salz, Pfeffer und Muskatnuss würzen. Nach Belieben mit dem Stabmixer fein pürieren, warm halten.

4. Inzwischen Hähnchenbrustfilets waschen, trocken tupfen und mit Salz und Pfeffer würzen. Eier in einem tiefen Teller verquirlen. Kürbiskerne hacken und auf einem weiteren Teller verteilen. Das Mehl ebenfalls auf einen Teller geben. Hähnchenfilets zuerst im Mehl wenden, dann durch die verquirlten Eier ziehen und zuletzt mit Kürbiskernen panieren.

5. Etwas Öl in einer Pfanne erhitzen und die Filets darin auf jeder Seite 12–15 Minuten braten. Die Hähnchenfilets mit dem Apfel-Sellerie-Püree servieren.

75 MINUTEN 4 PERSONEN

MARINIERTER LACHS
MIT FENCHEL-MÖHREN-GEMÜSE UND BLUMENKOHLREIS

ZUTATEN

FÜR DAS GEMÜSE:

- 2 Knollen Fenchel
- 400 g Möhren
- 4 EL Olivenöl
- 100 ml Gemüsebrühe
- Salz
- Pfeffer

FÜR DEN FISCH:

- 3 cm Ingwer
- 2 Limetten
- 3 EL Sojasoße
- Salz, Pfeffer
- 4 Lachsfilets (à ca. 150 g)

FÜR DEN BLUMENKOHLREIS:

- 1 Blumenkohl
- ½ Granatapfel
- 2 EL Olivenöl
- Salz
- Pfeffer

ZUBEREITUNG

1. Backofen auf 200 °C (Ober-/Unterhitze) vorheizen.

2. Fenchel putzen, waschen und in dünne Scheiben hobeln oder schneiden. Fenchelgrün klein hacken und beiseitelegen. Möhren schälen und schräg in dünne Scheiben hobeln oder schneiden. Gemüse in der Auflaufform verteilen, mit dem Öl beträufeln und Gemüsebrühe dazugießen. Mit Salz und Pfeffer würzen und im Ofen auf der mittleren Schiene etwa 15 Minuten backen. Herausnehmen und den Ofen nicht ausschalten.

3. Inzwischen für den Fisch den Ingwer schälen und fein hacken. Limetten halbieren und auspressen. Ingwer, Limettensaft und Sojasoße vermischen. Mit Salz und Pfeffer abschmecken. Lachsfilets waschen und trocken tupfen, dann in der Marinade zugedeckt 10 Minuten ziehen lassen.

4. Blumenkohl putzen, waschen und in Röschen teilen. Dann mit einer Küchenreibe fein raspeln. Den Granatapfel halbieren und die Kerne herauslösen.

5. Lachsfilets aus der Marinade nehmen und auf das Fenchel-Möhren-Gemüse legen. Weitere 10 Minuten im Ofen garen. Herausnehmen und warm halten.

6. In einer Pfanne Öl erhitzen und Blumenkohlreis anschwitzen. Mit Salz und Pfeffer würzen und unter Rühren 3–4 Minuten anbraten. Fenchelgrün und Granatapfelkerne untermischen. Lachs mit Fenchel-Möhren-Gemüse und Blumenkohlreis servieren.

60 MINUTEN 4 PERSONEN

ZANDERFILET
MIT GERÖSTETEM WURZELGEMÜSE AUF QUINOA

ZUTATEN

250 g Tricolor-Quinoa (rot, weiß und schwarz; wahlweise nur weißer)
750 ml Gemüsebrühe
50 g Pinienkerne
4 Rote Beten
2 Pastinaken
2 Petersilienwurzeln
2 Äpfel
8 EL Olivenöl
2 EL Ahornsirup
Salz
Pfeffer
½ Bund Petersilie
4 Zanderfilets mit Haut (à ca. 200 g)

ZUBEREITUNG

1. Quinoa in einem feinen Sieb unter fließend heißem Wasser gründlich waschen. Mit Gemüsebrühe in einen Topf geben und aufkochen. Bei niedriger Hitze etwa 15 Minuten köcheln lassen, dabei gelegentlich umrühren. Vom Herd nehmen und zugedeckt 5 Minuten ausquellen lassen.

2. Inzwischen Pinienkerne in einer Pfanne ohne Fett rösten. Den Backofen auf 180 °C (Ober-/Unterhitze) vorheizen. Zwei Backbleche mit Backpapier auslegen.

3. Rote Beten, Pastinaken und Petersilienwurzeln schälen und längs in Spalten schneiden. Äpfel waschen, vierteln, Kerngehäuse entfernen und die Viertel ebenfalls in Spalten schneiden. Alles auf dem Blech verteilen, mit 6 Esslöffeln Öl und Ahornsirup beträufeln, mit Salz und Pfeffer würzen und im Ofen auf mittlerer Schiene 20 Minuten backen.

4. Währenddessen Petersilie waschen, trocken schütteln und fein hacken. Zander waschen und trocken tupfen und auf der Hautseite quer einschneiden. In einer Pfanne das restliche Öl erhitzen und die Filets darin auf der Hautseite 5–6 Minuten knusprig braten. Dann umdrehen und 4–5 Minuten fertig braten. Mit Salz und Pfeffer würzen.

5. Quinoa vorsichtig mit Röstgemüse mischen, nochmals mit Salz und Pfeffer abschmecken. Pinienkerne und Petersilie darüberstreuen und mit dem Zanderfilet servieren.

45 MINUTEN CA. 6 WAFFELN

SPINATWAFFELN

MIT JOGHURT UND KRESSE

ZUTATEN

FÜR DIE SPINATWAFFELN:

80 g Spinat

½ Knoblauchzehe

125 ml Milch, gerne auch Mandelmilch

1 EL Olivenöl

1 Ei

½ TL Reinweinstein-Backpulver

100–125 g Dinkel-Vollkornmehl

1 Spritzer Zitronensaft

Salz, Pfeffer

Muskatnuss

FÜR DEN LIMETTEN-JOGHURT:

200 g griechischer Joghurt

1 Bio-Limette

1 EL Olivenöl

SONSTIGES:

1 Tomate

Kresse, z. B. Radieschenkresse

ZUBEREITUNG

1. Den Spinat waschen und trocken schleudern. Zusammen mit der geschälten Knoblauchzehe, der Milch und dem Olivenöl gut pürieren. Das Ei verquirlen und dazugeben.

2. Anschließend das Backpulver mit 100 g Vollkornmehl vermischen und mit Spinatmilch verrühren. Bei Bedarf etwas mehr Mehl zugeben, sodass ein zähflüssiger Teig entsteht. Mit 1 Spritzer Zitronensaft, Salz, Pfeffer und frischer Muskatnuss abschmecken.

3. Den Teig etwa 10 Minuten ruhen lassen und danach im Waffeleisen ausbacken.

4. Den Joghurt mit dem Abrieb und dem Saft der Limette sowie dem Olivenöl verrühren und mit Salz und Pfeffer abschmecken.

5. Die Spinatwaffeln mit Tomatenscheiben, dem Limettenjoghurt und etwas Kresse garnieren.

TIPP

Die Waffeln schmecken auch kalt sehr gut. Den Limettenjoghurt nach Belieben mit etwas Milch cremiger rühren.

35 MINUTEN 2 PERSONEN

RÖSTGEMÜSE-SANDWICH
MIT KAPERNPESTO

ZUTATEN

FÜR DAS RÖSTGEMÜSE:

2 Paprika, gelb und rot

1 Zucchini

4 EL Olivenöl, 1 EL Apfelessig

2 Zweige Rosmarin

Salz, Pfeffer

FÜR DAS KAPERNPESTO:

2 EL Kapern

1 Knoblauchzehe

1 EL Mandelkerne, blanchiert und geröstet

1 Handvoll Petersilie

5 EL Olivenöl

2 Sardellenfilets in Öl, optional

½ Zitrone

SONSTIGES:

4 Scheiben Vollkorn-Butter-Dinkeltoastbrot (siehe S. 87)

Rucola, Basilikum

ZUBEREITUNG

1. Den Ofen auf 220 °C Umluft (Ober-/Unterhitze 240 °C) vorheizen. Die Paprika entkernen und zusammen mit der Zucchini in große Stücke schneiden. Das Olivenöl mit dem Apfelessig und dem fein gehackten Rosmarin verrühren. Das Gemüse damit marinieren.

2. Das Gemüse auf einem mit Backpapier ausgelegten Backblech verteilen und mit etwas Salz und Pfeffer würzen. Im Backofen etwa 10 Minuten anrösten und anschließend auskühlen lassen.

3. In der Zwischenzeit die Kapern zusammen mit einer geschälten Knoblauchzehe, den Mandelkernen, 1 guten Handvoll Petersilie und dem Olivenöl zu einem Pesto fein pürieren. Wer mag, püriert die Sardellenfilets mit. Zum Schluss mit etwas Zitronensaft und Pfeffer abschmecken.

4. Für das Sandwich das Vollkorn-Toastbrot goldgelb rösten, mit etwas Rucola, dem gerösteten Gemüse und nach Belieben mit Pesto belegen. Zum Schluss mit gezupftem Basilikum verfeinern und mit einer weiteren Toastscheibe abschließen.

TIPP

Wer mag, kann das Sandwich noch zusätzlich mit gereiftem Pecorino verfeinern.

15 MINUTEN   4 PERSONEN

ROTE-BETE-HUMMUS
MIT ROHKOST-STICKS

ZUTATEN

240 g gegarte Kichererbsen (aus der Dose)

200 g Rote Bete (vorgegart und vakuumverpackt)

1 Knoblauchzehe

1 Zitrone

2 EL Tahin (Sesampaste)

3 EL Olivenöl

Salz

Pfeffer

1 EL helle Sesamsamen

AUSSERDEM:

600 g Gemüsesticks (z. B. Paprikaschote, Gurke, Stangensellerie, Kohlrabi, Möhren) zum Servieren

ZUBEREITUNG

1. Die Kichererbsen in einem Sieb abspülen und gut abtropfen lassen. Die Roten Beten in grobe Stücke zerkleinern (dazu am besten Einmalhandschuhe tragen, da sie stark abfärben). Die Knoblauchzehe schälen und grob hacken. Die Zitrone halbieren und auspressen.

2. Die Kichererbsen, Roten Beten, Knoblauch, Tahin und Öl im Blitzhacker cremig pürieren. Mit Zitronensaft, Salz und Pfeffer abschmecken.

3. Den Rote-Bete-Hummus in eine Schüssel füllen und mit Sesamsamen bestreuen. Mit den Gemüsesticks servieren.

45–75 MINUTEN 2 PERSONEN

WÜRZIGE GEMÜSECHIPS
MIT SESAM UND ROSMARIN

ZUTATEN

500 g Gemüse,
z. B. Rote Beten, Süßkartoffeln, Möhren, Pastinaken, Grünkohl

1–2 EL natives Olivenöl extra

Salz, Pfeffer

Sesamsamen

Rosmarin

ZUBEREITUNG

1. Das Gemüse gut waschen und trocken tupfen. Mit einem Gemüsehobel das Gemüse in feine Scheiben schneiden. Bei dem Grünkohl den dicken, harten Strunk entfernen.

2. Das Gemüse mit Olivenöl, 1 guten Prise Salz und Pfeffer marinieren. Nach Geschmack Sesam oder gehackten Rosmarin unterrühren.

3. Die Gemüsescheiben auf einem mit Backpapier ausgelegten Blech verteilen und im Backofen bei etwa 120 °C Umluft 30–60 Minuten trocknen. Die Backzeit variiert ja nach Gemüsesorte und der Stärke der Scheiben. Die Backofentür mithilfe eines Küchentuchs einen kleinen Spalt offen lassen, damit die Feuchtigkeit entweichen kann. Am besten das Gemüse nach der Hälfte der Zeit wenden.

4. Die Chips sollten möglichst luftdicht aufbewahrt werden.

TIPP

Das Gemüse dicht aneinander auf dem Blech auslegen, da es beim Backen stark schrumpft. Die Chips lassen sich aus beinahe jeder Gemüsesorte herstellen. Auch die Marinade kann man nach Geschmack mit anderen Gewürzen und Kräutern verändern.

45 MINUTEN

CA. 10 MUFFINS

POWER-MUFFINS
MIT MANDELN UND ZIMT

ZUTATEN

FÜR DEN TEIG:

150 g Dinkel-Vollkornmehl
100 g Mandelgrieß
120 g Kokosblütenzucker oder Rohrohrzucker
2 TL Reinweinstein-Backpulver
1 TL Zimtpulver
3 Eier
60 g Apfelmus
80 g Kokosöl
1 Bio-Orange
1 Möhre
1 Apfel
1 EL Cranberrys
1 EL Sonnenblumenkerne
1 EL Kürbiskerne
1 EL Mandelstifte

ZUBEREITUNG

1. Zuerst das Vollkornmehl mit Mandelgrieß, Kokosblütenzucker, Backpulver und Zimt vermischen.

2. Die Eier verquirlen, Apfelmus und geschmolzenes Kokosöl dazugeben und dann den Abrieb und Saft der Orange unterrühren. Anschließend alles gut mit dem Mehl verrühren, ohne dass Klümpchen entstehen.

3. Die Möhre schälen und ebenso wie den Apfel grob reiben. Zusammen mit Cranberrys, Sonnenblumenkernen, Kürbiskernen und den Mandelstiften vermengen und unter den Teig heben.

4. Den Teig in gefettete oder mit Papier ausgelegte Muffin-Förmchen füllen und bei 180 °C etwa 15–20 Minuten goldgelb backen. Dann 5 Minuten abkühlen lassen. Ideal auch für unterwegs!

TIPP

Die Power-Muffins bleiben bei Raumtemperatur und luftdicht verschlossen mehrere Tage frisch.

55 MINUTEN 4 PERSONEN

ERDBEER-TIRAMISU
MIT VANILLE IM GLAS

ZUTATEN

- 500 g Erdbeeren
- 1 Vanilleschote
- 500 g Mascarpone
- 250 g Magerquark
- 50 g Rohrohrzucker
- 100 g Löffelbiskuits
- 200 ml frisch gepresster Orangensaft

ZUBEREITUNG

1. Die Erdbeeren waschen und vier schöne Früchte zum Garnieren beiseitelegen. Von den restlichen Erdbeeren den Stielansatz entfernen, die Beeren trocken tupfen und in Scheiben schneiden.

2. Die Vanilleschote mit einem scharfen Messer längs aufschlitzen und das Mark herauskratzen. Vanillemark mit Mascarpone, Quark und Zucker cremig rühren.

3. Die Löffelbiskuits in einen Gefrierbeutel geben und mit einem Nudelholz darüberrollen, bis die Kekse bröselig sind. Die Biskuitbrösel mit dem Orangensaft vermischen.

4. Die Hälfte der Brösel auf vier Dessertgläser verteilen. Die Hälfte der Creme daraufgeben und mit der Hälfte der Erdbeeren überlappend belegen. Jeweils mit einer weiteren Schicht Biskuitbröseln, Creme und Erdbeeren fortfahren.

5. Die Tiramisu-Gläser zum Durchziehen 30 Minuten in den Kühlschrank stellen. Dann, mit je 1 Erdbeere garniert, servieren.

30 MINUTEN CA. 25 KUGELN

BLISS BALLS
MIT CRANBERRYS

ZUTATEN

60 g Mandeln
40 g Cashewkerne
1 EL Leinsamen
50 g Datteln, entkernt
50 g Cranberrys
1 EL ungesüßtes Kakaopulver
1 EL Kokosöl
2 EL Mandelmus

ZUBEREITUNG

1. In einer Küchenmaschine Mandeln, Cashewkerne und Leinsamen fein mixen. In eine Schüssel füllen. Die Datteln und die Cranberrys ebenfalls mixen und zur Nussmischung geben.

2. Kakaopulver, Öl und Mandelmus zufügen und alles zu einer Paste vermischen. In Folie gewickelt, 10 Minuten kühl stellen.

3. Anschließend aus der Masse mit den Händen etwa 25 walnussgroße Kugeln formen. In einer gut schließenden Dose im Kühlschrank lagern.

TIPP

Sie können die Energiekugeln auch portionsweise einfrieren und bei Bedarf die benötigte Menge auftauen.

INFO

Wenn Sie einen Bliss Ball essen, sollten Sie dazu immer reichlich trinken. Denn die Leinsamen quellen stark auf.

60 MINUTEN CA. 8 RIEGEL

NUSS-POWER-RIEGEL

MIT HONIG UND CHIA-SAMEN

ZUTATEN

160 g Nüsse, z. B. Mandeln, Cashewkerne, Pekannüsse, Pistazien, Kürbiskerne

100 g getrocknete Früchte, z. B. Cranberrys, Kirschen, Physalis

60 g Haferflocken

1 EL Sesamsamen

1 EL Chia-Samen

1 EL Kokosöl

50 g Honig

50 g Rohrohrzucker

ZUBEREITUNG

1. Die Nüsse grob hacken und die getrockneten Früchte klein schneiden. Beides mit Haferflocken, Sesamsamen und Chia-Samen vermischen.

2. Das Kokosöl mit dem Honig erwärmen und den Rohrohrzucker unterrühren. Anschließend ordentlich mit der Nussmischung vermengen.

3. Den Backofen auf 160 °C Umluft vorheizen. Eine Auflaufform (ca. 18 x 18 cm) mit Backpapier auslegen und die Nussmasse gleichmäßig darauf verteilen. Die zähe Masse mithilfe eines zweiten Backpapiers sehr fest in die Form drücken und etwa 30 Minuten goldgelb backen.

4. Noch lauwarm acht Power-Riegel daraus schneiden und komplett auskühlen lassen.

40 MINUTEN | 14 FRUCHT-SCHNITTEN

FRUCHTSCHNITTEN
MIT HIMBEEREN

ZUTATEN

250 g Himbeeren
80 g Rosinen
100 g gemahlene Mandeln
200 g zarte Haferflocken
6 EL Ahornsirup
20 g Cornflakes
1 EL Sonnenblumenkerne
2 EL Kürbiskerne

ZUBEREITUNG

1. Den Backofen auf 180 °C (Ober-/Unterhitze) vorheizen. Eine quadratische Auflaufform (20 cm Kantenlänge) mit Backpapier auslegen.

2. Die Himbeeren verlesen, waschen und trocken tupfen. In einem hohen Rührbecher mit dem Stabmixer pürieren. Die Rosinen zufügen und kurz untermixen. Die restlichen Zutaten unterheben und alles gut vermischen.

3. Die Masse gleichmäßig hoch auf dem Backpapier verstreichen. Alles im Ofen auf der mittleren Schiene etwa 20 Minuten backen. Die Form aus dem Ofen nehmen, das Backpapier mit den Fruchtschnitten herausnehmen und auf einem Kuchengitter abkühlen lassen. Dann mit einem scharfen Messer in 14 Riegel schneiden.

TIPP

Sie können die Himbeer-Fruchtschnitten auch portionsweise einfrieren und bei Bedarf auftauen.

35 MINUTEN

CA. 20 POWERBALLS

KIRSCH-POWERBALLS
MIT KAKAO-NIBS

ZUTATEN

80 g blanchierte Mandeln
40 g Cashewkerne
120 g getrocknete Kirschen
60 g Datteln
½ Bio-Limette
½ Vanilleschote
Salz
Kakao-Nibs zum Wälzen

ZUBEREITUNG

1. Die Mandeln mit den Cashewkernen in einem Zerkleinerer fein hacken. Die Kirschen sowie die Datteln dazugeben und kurz miteinander mixen. Dann den Abrieb und Saft einer halben Limette, das Mark der Vanilleschote und 1 Prise Salz zugeben. Alles so lange miteinander mixen, bis eine zähe Maße entsteht.

2. Die Kirschmasse zu einer Rolle formen und in gleich große Stücke schneiden, diese anschließend zu Kugeln formen.

3. Zum Schluss die Kakao-Nibs fein hacken und die Powerballs darin rundum wälzen.

TIPP

Am besten schmecken die Powerballs leicht gekühlt.

STICHWORTREGISTER

REZEPTREGISTER

LITERATURVERZEICHNIS

(in alphabetischer Reihenfolge)

Chen L, Appel LJ, Loria C et al. (2009) Reduction in consumption of sugar-sweetened beverages is associated with weight loss: the premier trial. Am J Clin Nutr 89:1299-1306.

Ebbeling CB et al. (2018) Effects of a low carbohydrate diet on energy expenditure during weight loss maintenance: randomized trial. BMJ 363:k4583. DOI http://dx.doi.org/10.1136/bmj.k4583.

Fagherazzi G, Vilier A, Saes Sartorelli D et al. (2013) Consumption of artificially and sugar-sweetened beverages and incident type 2 diabetes in the Etude Epidemiologique aupres des femmes de la Mutuelle Generale de l'Education Nationale-European Prospective Investigation into Cancer and Nutrition cohort. Am J Clin Nutr 97:517-523.

Forsa repräsentative Bevölkerungsbefragung im Auftrag der DAK-Gesundheit, 9. bis 16. Januar 2018; 1.001 Befragte. Pressemeldung DAK Gesundheit vom 12. Februar 2018: Infos auch unter www.dak.de/presse und www.twitter.com/dakgesundheit.

Fowler SP, Williams K, Resendez RG et al. (2008) Fuelling the obesity epidemic? Artificially sweetened beverage use and long-term weight gain. Obesity 16:1894-1900.

Hottenrott K, Hottenrott L (2017) Intermittierendes Fasten und Sport. Schweiz Z Ganzheitsmed 29:265-268. DOI 10.1159/000480114.

Hu FB et al. (1999) A prospective study of egg consumption and risk of cardiovascular disease in men and women. JAMA 281(15):1387-1394.

Khanna S et al. (2014) A Clinician's primer on the role of the microbiome in human health and disease. Mayo Clin Proc 89:107-114.

Klöting N, Stumvoll M, Blüher M (2007) Biologie des viszeralen Fetts. Internist 48:126-133.

DOI 10.1007/s00108-006-1781-x.

Longo VD, Mattson MP (2014) Fasting: molecular mechanisms and clinical applications. Cell Metab 19:181-192.

Madjd A et al. (2016) Effect of weekly physical activity frequency on weight loss in healthy overweight and obese women attending a weight loss program: a randomized controlled trial. Am J Clin Nutr 104:1202-1208.

Martin B, Mattson MP, Maudsley S (2006) Caloric restriction and intermittent fasting: two potential diets for successful brain aging. Ageing Res Rev 5:332-353.

Mattson MP (2012) Energy intake and exercise as determinants of brain health and vulnerability to injury and disease. Cell Metab 16:706-722.

Mattson MP, Arumugam TV (2018) Hallmarks of Brain Aging: Adaptive and Pathological Modification by Metabolic States. Cell Metab 27(6):1176-1199.

Mente A (2018) PURE – Association of dietary quality and risk of cardiovascular disease and mortality in more than 218.000 people from over 50 countries. Late Breaking Hotline-Session 4, ESC-Kongress München.

Michalsen A (2010) Prolonged fasting as a method of mood enhancement in chronic pain syndromes: a review of clinical evidence and mechanisms. Curr Pain Headache Rep Apr 14(2):80-87.

Miller NJ, Ruiz-Larrea MB (2002) Flavonoids and other plant phenols in the diet: Their significance as antioxidants. J Nutr Environ Med 12:39-51.

Noble EE, Billington CJ, Kotz CM, Wang CF (2011) The lighter side of BDNF. Am J Physiol Regul Integr Comp Physiol 300(5):R1053-R1069.

Peters A (2017) Die Selfish-Brain-Theorie. Gynäkologische Endokrinologie 15(2):103-107. DOI https://doi.org/10.1007/s10304-017-0122-6.

Peters A, McEwen BS (2015) Stress habituation, body shape and cardiovascular mortality. Neurosci Biobehav Rev 56:139-150.

Peters A, Schweiger U, Pellerin L et al (2004) The selfish brain: competition for energy resources. Neurosci Biobehav Rev 28:143-180.

Platzer TM (2015) Ernährungsmedizin Fortbildung. Gibt e seine Anti-Aging-Diät? Gynäkologie & Geburtshilfe 20 (SH1):20-22.

Scott KA, Melhorn SJ, Sakai RR (2012) Effects of Chronic Social Stress on Obesity. Curr Obes Rep 1(1):16-25.

Schroeder BO, Bäckhed F (2016) Signals from the gut microbiota to distant organs in physiology and disease. Nat Med 22(10):1079-1089.

Schuch FB, Vancampfort D, Firth J et al. (2018) Physical activity and incident depression: a meta-analysis of prospective cohort studies. Am J Psychiatry 175:631-648.

Techniker Krankenkasse (2017) Iss was, Deutschland. TK-Studie zur Ernährung. Techniker Krankenkasse Hamburg, Bereich: Markt und Kunde, Fachbereich Gesundheitsmanagement.

Vgontzas AN et al. (2009) Insomnia with objective short sleep duration is associated with type 2 diabetes. Diab Care 32(11):1980-1985.

Zägelein W (2013) Move for Life: Gesund durch Bewegung. Springer Spektrum: ISBN 978-3-642-37643-6.

Links (in alphabetischer Reihenfolge)

adipositas-gesellschaft.de Deutsche Adipositas-Gesellschaft e.V., Martinsried bei München

aerztegesellschaft-heilfasten.de Ärztegesellschaft Heilfasten & Ernährung e. V., Überlingen

BzfE.de Bundeszentrum für Ernährung (BZfE) der Bundesanstalt für Landwirtschaft und Ernährung (BLE), Bonn

ddg.info Deutsche Diabetes Gesellschaft, Berlin

diabetesde.org Deutsche Diabetes-Hilfe, Berlin

www.dge.de Deutsche Gesellschaft für Ernährung

IMPRESSUM

Bibliografische Information der Deutschen Bibliothek.

Die Deutsche Bibliothek verzeichnet diese Publikation in der Deutschen Nationalbibliografie.

Detaillierte bibliografische Daten sind im Internet über http://www.dnb.de/ abrufbar.

Alle in diesem Buch veröffentlichten Abbildungen sind urheberrechtlich geschützt und dürfen nur mit ausdrücklicher schriftlicher Genehmigung des Verlags gewerblich genutzt werden. Eine Vervielfältigung oder Verbreitung der Inhalte des Buchs ist untersagt und wird zivil- und strafrechtlich verfolgt. Das gilt insbesondere für Vervielfältigungen, Übersetzungen, Mikroverfilmungen und die Einspeicherung und Verarbeitung in elektronischen Systemen.

Die im Buch veröffentlichten Aussagen, Erfahrungen und Ratschläge wurden von Verfasser und Verlag nach bestem Wissen und sehr sorgfältig erarbeitet und geprüft. Eine Garantie für das Gelingen kann jedoch nicht übernommen werden, ebenso ist die Haftung des Verfassers bzw. des Verlags und seiner Beauftragten für sämtliche Personen-, Sach- und Vermögensschäden ausgeschlossen. Alle vorgestellten Inhalte und Gedanken bzw. Meinungen bieten keinen Ersatz für eine persönliche medizinische Beratung. Dies nicht zuletzt mit Blick auf die ständigen Entwicklungen, neuen Forschungen und fortlaufenden Erkenntnisse, denen die Medizin wie jede andere Wissenschaft unterworfen ist. Jede Leserin und jeder Leser ist für das eigene Tun und Lassen selbst verantwortlich.

Bei der Verwendung im Unterricht ist auf dieses Buch hinzuweisen.

EIN BUCH DER EDITION MICHAEL FISCHER

1. Auflage 2019

© 2019 Edition Michael Fischer GmbH,
Donnersbergstr. 7, 86859 Igling

Covergestaltung: Michaela Zander
Redaktion und Lektorat: Andrea Freier
Layout, Satz, Illustration: Pia von Miller

Rezepte Christina Wiedemann: S. 68, 69, 70, 74, 76, 78, 79, 86, 88, 90, 92, 93, 100, 102, 104, 108, 11, 112, 113, 114, 118, 120, 121, 122, 123, 128, 132, 133, 136

Rezepte Anton Enns: S. 66, 72, 80, 82, 84, 87, 94, 95, 96, 98, 106, 107, 110, 115, 116, 124, 126, 129, 130, 134

Fotografie S. 7: José Campos,

Fotografie Rezeptteil: Nadja Buchzik, Bielefeld

ISBN 978-3-96093-339-7

Gedruckt bei Polygraf Print, Čapajevova 44, 08001 Prešov, Slowakei

www.emf-verlag.de